英雄壮歌

龙华烈士纪念馆 编

馆藏精品文物集萃

上海教育出版社
SHANGHAI EDUCATIONAL
PUBLISHING HOUSE

《英雄壮歌——龙华烈士纪念馆馆藏精品文物集萃》
编辑委员会

序

　　上海，初心之地、红色之源、光荣之城；中国共产党在这里诞生，中国共产党人在这里出征，中国共产党的历史在这里开篇。龙华烈士纪念馆，英雄荟萃之处、壮歌回荡之地。

　　上海市龙华烈士陵园是全国重点文物保护单位、全国爱国主义教育示范基地。位于园内的纪念馆展示了华夏大地一百多年来，为民族谋复兴、为人民谋幸福的众多英烈感人至深的事迹。正是有着对真理的坚定信仰，对理想的执著追求，面对重重艰难困苦，他们斗志昂扬、百折不挠；面对各种诱惑与腐蚀，他们矢志不渝、不为所动；面对敌人的威胁与屠刀，他们大义凛然、威武不屈。

　　龙华烈士纪念馆在近 30 年的发展历程中，尤其是自 2015 年纪念馆启动全面改造更新后，馆藏文物日趋丰富。为更好地弘扬"祖国至上、无私奉献、锐意创新"的龙华英烈精神，并向中国共产党百年华诞献礼，我们经过精心策划、精心挑选、精心编写，向广大读者奉献《英雄壮歌——龙华烈士纪念馆馆藏精品文物集萃》一书。本书撷取了馆藏 87 件（套）精品文物，其中 12 件（套）为国家一级文物，有些文物属首次公开。为让文物"活"起来，让读者感受刀光剑影的革命年代、热火朝天的建设岁月、充满活力的改革时期之氛围，我们通过深入研究，挖掘了文物背后的生动故事，提炼了英雄人物的不朽精神。

　　让我们走近文物，走近英雄；感悟历史，把握当下，创造未来，携手为实现中华民族伟大复兴的中国梦而不懈奋斗。

目录

英雄壮歌

龙华烈士纪念馆

馆藏精品文物集萃

英雄壮歌

龙华烈士纪念馆

馆藏精品文物集萃

山河光复终不悔

——陶成章的西装

陶成章在创办光复会期间穿过的西装（总长 78 cm）

　　这是陶成章在创办光复会期间穿过的一件西装。西装的颜色泛黄，贴袋设计，手工撬边，贝壳纽扣，整体做工考究。

　　陶成章（1878—1912），浙江绍兴人。早年留学日本。1904 年到上海参与组织光复会。1905 年参与创办绍兴大通学堂。1907 年参加中国同盟会，次年任《民报》

主编。武昌起义爆发后，其奔走于江浙各地，参与组织反清活动。1912年被暗杀于上海广慈医院。

1902年，陶成章只身前往日本留学，后转入成城学校学习军事，在陆军班勤学苦练，成绩优异。1903年，"拒俄运动"爆发，留日学生组织"军国民教育会"，陶成章结识该会会员，并参与商议革命活动。1904年，陶成章归国后，深入浙江内地联络各地会党，在云和创办先志学堂，建立革命据点。同年11月，陶成章与蔡元培等人在上海创立光复会，以其入会誓词"光复汉族，还我山河，以身许国，功成身退"16字为宗旨。陶成章时任副会长，负责联络苏、浙、闽、皖、赣五省会党的重任。他深入各地，打进基层，收效显著，在会党中享有较大的名望和影响。陶成章曾穿着这件西装奔波于上海各处，其见证了陶成章在光复会所从事的革命工作。

1911年3月，陶成章自爪哇回国，准备再次举行反清武装起义，但由于广州黄花岗起义失败，革命形势不利而中止。同年6月，他再赴南洋各地，发动华侨捐款支援国内革命。10月，武昌起义爆发，他立即归国，在江苏、浙江等地号召旧部起义，响应武昌起义。不久，上海、杭州、松江等地陆续被革命军攻克，其中离不开陶成章多年的努力。浙江军政府成立后，他被选为参议院参议员。1912年1月，陶成章在上海法租界广慈医院接受治疗期间被暗杀。

陶成章牺牲后，这件西装由其夫人保存。陶成章之孙陶成亚从小由祖母带大，祖母去世后，这件西装就交由他保存。2001年9月，经国家文物局近现代一级文物确认专家组鉴定，确认为一级文物。

（于海燕）

一片丹心

—— 沈缦云为追悼宋教仁制作的纪念章

1913 年沈缦云为追悼宋教仁制作的纪念章（直径 3.1 cm）

这枚纪念章制作于 1913 年 3 月，是被孙中山先生称赞为"光复沪江之主功"的沈缦云为追悼宋教仁而专门制作的，以此纪念这位中国民主宪政的先驱。纪念章为圆形，中间"十"字图案内印有宋教仁的遗像，下书"懋昭制赠"，"十"字图案四周分别书"宋教仁先生 为我等死 流血 纪念"字样。

宋教仁（1882—1913），湖南桃源人。1904 年参与创建华兴会。1905 年在日本参与组织同盟会。1910 年回国，在上海任《民立报》主编。1912 年任南京临时政府法制局局长。同年参与同盟会改组为国民党事宜，任国民党理事。其主张成立政党内阁，以制约袁世凯。1913 年，在上海火车站遭暗杀身亡。

1913 年，暗杀、政争、内战、解散国会、单方面立宪充斥着中国。在宋教仁看来，中国要想富强起来，要建设一个现代文明的、人民自由和幸福的中国，就必须实行民主宪政。这就要求在政府结构上实行政党责任内阁制，以此限制国家最高领导人的权力，最大限度地避免走专制独裁老路。为此，他始终毫不妥协地投入战斗。1913年3月在上海火车站，宋教仁不幸遇刺身亡。随着宋教仁遇刺而中断的，是他所主张的使中国通往文明的、富裕的、民主的、法制的、宪政的、人民自由事业。

纵观宋教仁的一生，他始终都在寻求救国救民之路。1898年，戊戌变法的失败，使他认识到改良主义行不通，拯救中国必须走武装革命道路。1912年1月1日，南京临时政府成立，孙中山当选临时大总统，宋教仁任法制局局长。他为新生的中华民国实行民主与法制，制定了一系列法令。孙中山宣誓就职时公布的《中华民国临时约法》即是宋教仁起草的，这是民国政府的第一部根本大法。孙中山被迫把临时大总统的位置让给袁世凯后，宋教仁竭力宣传政党政治和议会政治，主张实行责任内阁制，以限制袁世凯的势力和权力。1912年4月，南京临时政府迁都北平，组建内阁。同年5月，宋教仁受同盟会委派，担任内阁农林总长，积极规划垦殖、渔业、森林等诸多方案，初显辅国才能。在愤然离开内阁后，宋教仁以在野政治家身份坚决反对专制政权，直至被害。

宋教仁去世后，有两万多人参加了在上海为其举行的追悼会，挽联挂满了会场四周。这枚纪念章就是曾在物质上、精神上帮助和鼓励革命党人，同为辛亥革命志士的沈缦云为追悼宋教仁而专门制作的。在宋教仁追悼会上，风云变色，天地亦现阴忧之状；又忽作微雨，一时来会者，无不唏嘘感叹，谓为天泣，在场群众无不为之动容。

（于海燕）

一枚图章中的家风故事

——宣中华的木刻图章

宣中华的木刻图章（14.6 cm×2.7 cm×1.7 cm）

该图章为1913年宣中华从同文中学毕业时家人为其刻制的。木刻图章背面刻"上"字，正面刻"宣志瑞命姪孙钟华鞠躬"。"钟华"系宣中华原名。这枚图章虽然只有手掌大小，但方寸之间却镌刻着一个革命者的家风故事。

宣中华（1898—1927），浙江诸暨人。五四时期浙江学生运动领袖之一。1921年其参加上海马克思主义研究会；1924年参加中国共产党；第一次国共合作时任国民党浙江省临时党部执委；曾任中共上海闸北部委书记；"四一二"反革命政变后，从杭州赴上海途中遭国民党反动派逮捕，后于龙华就义。

宣中华的父亲为人刚强好义，读过几年书，颇有点新派作风，母亲勤俭持家，重视子女教育。宣中华有兄弟姐妹10人，相处十分和谐。早年家中有水田六亩，房屋三间，尚可自足。但由于家庭人口渐多，吃用逐年加重，入不敷出，开始押田负债，生活日趋贫困。但即便如此，宣中华的父亲依然坚持让子女入学，学习新思想。忠厚传家久，诗书继世长。这样崇尚教育、重视读书的家庭孕育出宣中华高尚的品德和开放的思想。

1909年至1913年，宣中华求学于同文公学。其间，他大量接触新思想，心系国家前途命运，撰写了《筹防满洲策》《论甲午之败》《英雄革命与国民革命论》等几十篇文章，抨击封建统治者，抒发了愿为拯救中华而奋斗的决心。面对近代中国遭受的苦难，宣中华小小年纪就胸怀天下，不忘思考救国之策，字里行间体现出一个爱国少年的赤诚之心。这段求学生涯虽然只有短短的4年，却奠定了他一生的革命思想基础。

1913年，为庆贺宣中华从同文公学毕业，家人特地刻制了这枚图章，在邀请诸亲好友、邻里乡亲共庆，分发请帖时钤盖。可见对于宣家来说，宣中华从同文公学毕业是一件值得纪念的大事。这枚图章虽然不如金玉般价值连城，但却显示出当时宣家的真实情况：虽不是富有殷实之家，但在精神上依旧有着高尚的追求。

1990年，上海市龙华烈士陵园筹建办工作人员先后数次前往浙江省档案馆和诸暨市党史办，查阅、寻找有关宣中华烈士的文字、照片及相关资料。但由于牺牲年代较远，想要找到他的革命事迹资料和生前物品相当困难。功夫不负有心人，经过多方努力，终于在诸暨市牌头镇找到了宣中华之侄宣钦夫。1992年，宣钦夫正式将宣中华使用过的这枚图章捐赠。龙华是英雄就义之地，这枚图章见证了宣中华为我们留下的精神财富。

（马克文）

胸藏锦绣万卷书

——宣中华兄弟俩的竹篾箱

宣中华兄弟俩的竹篾箱（51 cm×52 cm×29 cm）

这只旧式竹篾箱两边有提手，背后有铁环做成的铰链，正面有"宣钟善志，斗严书屋"8个字，其中提到的宣钟善，正是跟随哥哥走上革命道路的宣中华胞弟。这个箱子伴随了宣中华在浙江省立第一师范学校的求学生涯，随后弟弟宣钟善也背上哥哥的书箱，走上了求学之路。

1915年，宣中华考入浙江省立第一师范学校。该校校长经亨颐是一位难得的思想开明的教育家。他提倡新学，积极支持新文化运动。宣中华在这样的环境里，爱国民主思想得到充分的发展，不但成绩优异，而且很快成为学校热衷于社会活动的积极分子。他关心国事，经常与同学评议政治，探索真理，反对封建专制，要民主、自由。1919年，五四运动波及杭城时，宣中华立即投身这一运动，被选为杭州市学生联合会执行部理事长，并参加了全国学生联合会，与各省学生联合会建立了联系。他原名宣钟华，基于爱国热情和决心拯救中华民族的意愿，改名为宣中华。

他领导的学生运动与工人的斗争密切配合，使全省的反帝爱国运动蓬蓬勃勃地开展起来。这个小小的箱子除了存放衣物，主要还是用来存放书籍、文具等用品。可以说，这只竹篾箱曾胸藏锦绣，见证了历史。

竹篾箱伴随了宣中华的求学时代，爱国热忱则伴随了宣中华一生。1920年夏，宣中华从浙江省立第一师范毕业，正式结束了他的求学生涯，迈入社会，创办了浙江省第一张工人报纸《曲江工潮》。1922年，他在萧山坎山参与创办了《责任》周刊。该刊从11月27日创刊至1923年3月19日，共出了15期。宣中华撰写了《工业后进国底被损害者》《美人眼里的中华》《怎样救国》《农民与革命》《中国的教育者》等10余篇文笔犀利的政论文，围绕着反帝反封建这一主题，猛烈抨击帝国主义侵略和当局的腐败政治，对处于水深火热之中的亿万工农群众，寄予了最深刻的同情，并指出了工农在中国社会的地位和作用。

宣中华的言传身教成为弟弟一生的表率。在哥哥的影响下，宣钟善也毅然走上了革命道路。五四前后，兄弟俩都积极参与学生运动、工人运动，之后加入了中国共产党。第一次国共合作期间，宣钟善任国民党浙江省党部农民部干事，负责财会工作。1927年4月，兄弟俩先后在"四一二"政变中被捕；4月17日，宣中华在上海龙华被刽子手腰斩而壮烈牺牲，年仅29岁。不久，宣钟善也被反动派残忍地杀害于杭州陆军监狱，年仅27岁。

宣家后代视烈士遗物如珍宝。宣中华兄弟使用过的这只竹篾箱被其母藏于家里的阁楼上，最终保存至今。里面原来存放的多副对联，由于时代的原因并没有完整保存下来。1992年12月，为了永恒的纪念，宣中华之侄宣钦夫将烈士的数件珍贵的遗物捐赠给上海市龙华烈士陵园筹建办，竹篾箱是其中之一。2001年9月，经国家文物局近现代一级文物确认专家组鉴定，确认为一级文物。

这只竹篾箱如今陈列在龙华烈士纪念馆中，为前来参观的人们讲述着出身于农民家庭的这对兄弟如何成长为有文化、有思想的进步青年。他们在新思想的指引下，为革命事业奔走，为人民解放的事业献出了年轻的生命，精神遗泽后人。

（马克文）

图新·改良·变革

—— 新中学会旧照

1918 年 2 月安体诚与朋友在日本东京合影
（照片底版：24 cm×30.4 cm；照片：13 cm×19.5 cm）

1918 年 5 月 14 日安体诚与朋友在日本伊香保合影
（照片底版：17.6 cm×23.7 cm；照片：8.9 cm×13 cm）

艺文中学校筹备员纪念影
（照片底版：24.3 cm×31.1 cm；照片：14.1 cm×20.1 cm）

20世纪初，中华民族深受帝国主义和封建军阀的重重压迫。为了改变现状，一大批爱国志士奔走呼号，组织各类学会探求救国救民的道路，新中学会便是其中之一。1917年，童冠贤、高仁山、刘东美等人联合在国内的马洗凡于日本创立了以"联络感情、砥砺品行、阐明学术、运用科学方法刷新中国"为宗旨的新中学会。2016年龙华烈士纪念馆征集到多件该学会20世纪20年代前后的老照片，这些照片是对当时新中学会及其会员活动的很好见证。

第一张照片为民国7年（1918）2月，安体诚与朋友摄于日本东京。照片中共有14人，前排坐者6人，后排站者8人。底版右下方从右至左书写"民国七年二月摄于扶桑东京"及"存斋存"等字样。照片下方从右至左写有照片中人物的姓名，但因时间过久，字迹比较模糊，只能根据当年新中学会会员的相关资料，辨别如下："后列半身者——东美、次伯安、次普岩、次开山、次行午、次永滋；前列全身者——□□、次铁卿、次□□、次蠢天、次仁山、次辅青、次存斋、次冠贤。"其中，东美为刘东美，伯安为杨伯安，开山为黄开山，永滋为于树德，铁卿为陈铁卿，仁山为高仁山，辅青为杨扶青，存斋为安体诚，冠贤为童冠贤。

第二张照片为民国7年（1918）5月14日安体诚与朋友摄于日本伊香保，右侧写有"游伊纪念"，左侧写有"七年五月十四日摄""体诚题志十九日"，正上方写有："余于本年五月来伊香保,寓于浴兰楼,时与同寓国友同浴温泉、同游山景,情相怀、意相得,于是共感我八人远来群聚之多缘,佥谓此一时纪念合影之应摄,而喜以成此焉谨志存之,是岁乃民国七年也!"正下方从右至左则写有"凌勉之、张思海、马洗凡、杨辅青、田泽溥、陈铁青、纪景博、体诚"等字样。

第三张照片摄于民国14年(1925)8月25日。照片正上方写有"艺文中学校筹备员纪念影",右下角印有"中原照相馆北京王府井大街西路"等字样及手书"14.8.25"等字样,左侧写有"体诚存"。令人遗憾的是,这张照片没有标明照片中的人物分别是谁。但有一点可以确定,此照片虽为安体诚收藏,但根据安体诚现存照片辨别判断,其中并没有他。

这3张照片都是安体诚烈士生前所藏珍贵遗物。安体诚(1896—1927),字存斋,河北丰润人。中共党员。1918年被日本京都帝国大学经济部录取。留日期间,参加爱国政治团体"新中学会"。回国后参与创办天津工余补习学校及参与领导北方铁路工人运动。1925年任中共西安特别支部书记,次年前往广州任黄埔军校政治教官。"四一二"反革命政变后,奉命赴武汉工作途经上海时被捕,不久后就义于上海。2016年,安体诚烈士家属将这3张照片捐赠给了龙华烈士纪念馆。这3张照片对于研究当时新中学会会员状况具有很高的历史价值。

新中学会成立初期,在东京租早稻田崔卷町12号作为会址,取名为"新中寄庐"。每周日上午,会员们举行座谈会,除了介绍自己的情况外,还要就国家大事及个人的学行感想进行座谈。不久后,新中学会直接在早稻田租了一所较大的房子,作为会员宿舍。除了确实有困难的会员,其他会员都必须搬到宿舍居住。当时还规定"宿舍内一切清洁卫生、烧饭、洗碗、采买、看门等,都由会员轮流担任,不雇佣人……为了发挥会员间的互助精神,各人所有现款都一律交公储存,大家按需要支用,不许浪费"。新中学会的这种组织制度、合宿制度带有初步的共产主义色彩,明显受到社会主义思想的影响,正如安体诚的孙子安刚夫所介绍,安体诚留日期间就曾写信给他父亲介绍共产主义,认为将来的中国必定会摒弃当时剥削的社会模式。事实上,新中学会所提倡的集体生活模式对于锻炼会员的"劳动生活",培养会员个体的节俭品行,增强会员间的团队意识和友谊,发挥整体的团队效能具有巨大的促进作用。南开中学校长张伯苓等人都曾称赞这种集体生活是新中国、新社会的开始。而我们细察前两张照片时发现,第一张照片中共有14人,第二张照片中共有 8 人，都是 10 人左右的集体照，且其中的刘东美、杨伯安、黄开山、于树德、陈铁卿、高仁山、杨扶青、安体诚、童冠贤、马洗凡等人都是新中学会的会员，童冠贤、刘东美、马洗凡等人更是新中学会的发起人。由此可以判断，这两张照片极有可能是新中学会的两次外出集体活动。会员们除了共同生活外，还会不定期地组织外出郊游来增进彼此的感情和友谊。此外，这两张照片的拍摄时间分别是 1918 年的 2 月和 5 月，距新中学会创立已一年有余，说明新中学会的这种集体生活模式已延续很长时间并将继续延续下去。据于树德等人回忆，新中学会的集体生活模式一直延续到了 1921 年前后。

新中学会这种集体生活模式虽然在 1921 年前后就已经结束，但它的活动却没有因此而停滞，特别是在教育救国方面，首先创办了一所艺文中学。学校由高仁山、薛培元、陈翰笙、查良钊等组成董事会，其中查良钊任董事长，高仁山任校长。学校非常创新地采用了美式的道尔敦制教学法，即"由教师编定各科教学大纲，学生按照大纲中每日计划学程的进度，填写作业表，经教师批准，即进行学习。每日由教师主持讨论并解答疑难"。第三张照片就是对艺文中学筹备情况的很好见证。照片拍摄于 1925 年 8 月 25 日，而据杨扶青、于树德等人回忆，艺文中学正是在 1925 年 8 月正式开学的，由此可以判定照片是艺文中学的筹备员们在开学前夕为纪念艺文中学的开学而留下的，照片中人物所列背景应该就是艺文中学校舍旧址。此外，照片中虽然没有标明人物身份，但根据现有资料和照片对比可以判定，照片中左二站者应该是艺文中学的董事会成员陈翰笙。七七事变后，随着中国整体政治环境的变化，延续了十几年的艺文中学的教学体系也被迫瓦解。

随着大革命高潮的到来，新中学会会员的政治立场逐渐明朗和分化，多数会员因此投入其他各种政治团体活动，新中学会也随之解体，但新中学会所秉承的理念及所实行的制度，在中国革命的进程中留下了不容忽视的痕迹。

（沈申甫）

民权斗士的劳动者问题载记

——杨杏佛日记

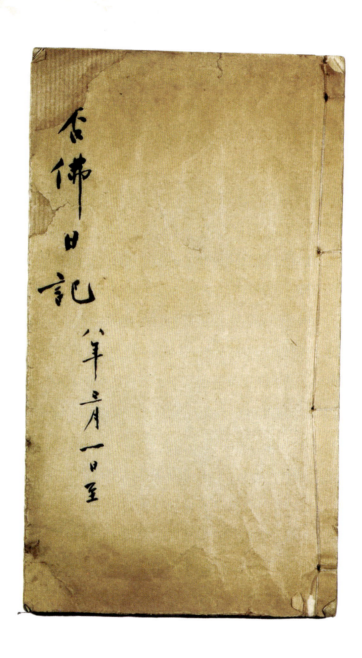

1919 年杨杏佛日记（26 cm×15.2 cm）

14

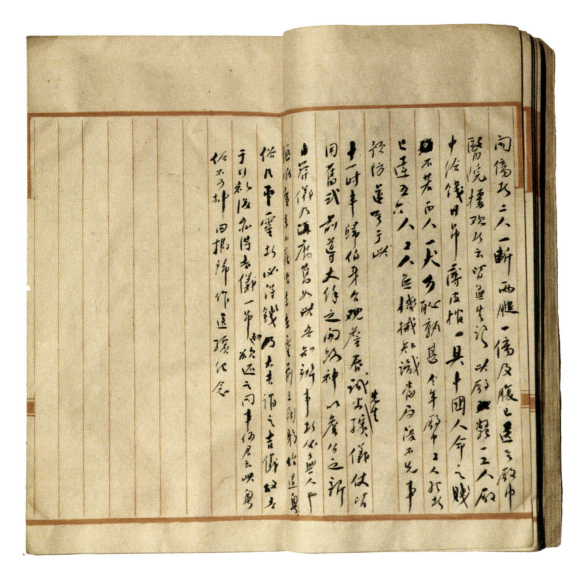

杨杏佛日记（内页）

这是 1919 年杨杏佛所写的日记。日记为线装本，封面用道林纸裱，写有"杏佛日记　　八年三月一日至"。日记用毛笔写在毛边纸上，共 30 张，其中 13 张记有内容，其余空白。封底粘有硬板纸。

杨杏佛（1893—1933），江西清江人。早年留学美国。曾任南京高等师范学校教授、东南大学工学院院长。1924 年前往广州参加革命，任孙中山秘书。"五卅运动"期间在上海主编出版《民族日报》。同年参与发起组织中国济难会。1926 年任国民党上海特别市党部执行委员。1927 年任国民党中央研究院总干事。1932 年参与发起组织中国民权保障同盟，任总干事。1933 年在上海被国民党当局暗杀。

1931 年"九一八"事变后，杨杏佛积极主张抗日救亡。1932 年夏，他与宋庆龄、蔡元培等人在上海筹备组织中国民权保障同盟。同年 12 月，同盟正式成立，杨杏佛任总干事，主持日常工作。他和同盟的成员反对蒋介石"攘外必先安内"的反动政策，参与组织营救被非法逮捕的共产党员和其他爱国民主人士。1933年1月同盟上海分会成立时，杨杏佛任执行委员。杨杏佛后又去组织同盟北平分会，并考察北平各监狱及被关押的政治犯生活情况，呼吁废止种种侵害人权的反动法律、法令。同年3月，他与宋庆龄等人共同推动上海20多个进步团体组织了国民御侮自救会，号召团结抗日力量，反对国民党妥协投降。在国民党反动派的压力和恫吓面前，杨杏佛英勇无畏，坚持斗争。1933年6月18日，杨杏佛在上海被国民党特务暗杀，留下了这份珍贵的遗物——《杏佛日记》。

这本《杏佛日记》记载了杨杏佛1919年3月至5月在武汉汉阳铁厂任会计处成本科科长时，经历的一些工人伤亡事件及对工厂处理伤亡工人的一些看法，他在5月14日的日记中写道：

……此厂毙一工人，厂中给钱廿吊、薄皮棺一具，中国人命之贱不若西人一犬，可耻孰甚。今年厂中工人死者已达五六人，工人无机械知识，当局复不先事预防遂至于此。

工人伤亡事件的发生，也引起了杨杏佛对教育与劳动问题的研究，他立志救国救民，决心寻找一条改造社会的道路。1920年，杨杏佛在南京学生联合会举办的学术演讲会上作了"教育与劳动问题"的报告，他说：

当劳动者自身向资本家攻击时，劳动者问题就解决了一半，劳动者向资本家攻击武器之一是教育。

杨杏佛认为，要使劳动者得到自由、平等，唯一的方法就是对他们进行教育。脑力劳动者只有去从事体力劳动，才能消灭脑力劳动与体力劳动的界限，才可以提倡劳工神圣。他的报告在当时南京进步学生中产生了一定的影响。

　　《杏佛日记》原由杨杏佛夫人赵志道收藏保存；赵志道逝世后，交与儿子杨小佛保存。1997年10月，龙华烈士纪念馆召开烈士家属捐赠文物表彰大会，杨小佛当即捐赠《杏佛日记》，并在大会上做了热忱的发言。这本《杏佛日记》为龙华烈士纪念馆收藏的国家一级革命文物。

（于海燕）

历史的珍贵一页

——俞秀松日记

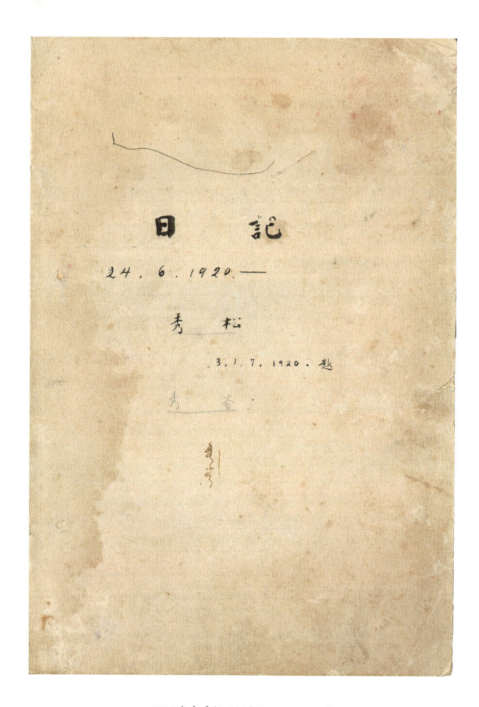

1920年俞秀松日记（23 cm×16 cm）

18

俞秀松日记（内页）

　　该日记本是老式线装练习簿式样，封面有小楷毛笔书写的"日记 24.6.1920—秀松 3.1.7.1920"字样。它的主人是俞秀松——上海共产党早期组织发起人之一。它写于 1920 年 6 月到 7 月间，里面记载了中国共产党在上海创建前的一些活动以及俞秀松的若干生活片段，是一份难得的历史资料。

　　俞秀松（1899—1939），浙江诸暨人。1920 年参加上海马克思主义研究会，后参加上海共产党早期组织。同年 8 月，参与创建上海社会主义青年团，任书记。1922 年后，任第一届团中央执行委员、中共上海地委委员等职。1925 年赴莫斯科学习。1935 年受苏共中央委派到新疆，任反帝总会秘书长、新疆学院院长等职。1937 年因苏联"肃反运动"扩大化遭逮捕。1939 年在莫斯科遇害。

　　满目疮痍的旧中国，曾使无数热血青年苦闷不已。如何才能救民族于危亡，拯人民于水火，是那一代青年的自觉追索。1920 年是俞秀松思想转变的一年。这一年，俞秀松放弃了做学问家的志愿，而"情愿做个'举世唾骂'的革命家"。他于 3 月 27 日从北京南下上海，寄居在星期评论社，结识了陈独秀、陈望道、李汉俊等人。

夜，望道叫我明天送他所译的《共产党宣言》到独秀家里去。这篇宣言底原文是德文，现在一时找不到，所以只用英、俄、日三国底译文来校对了。（1920年6月27日）

九点到独秀家，将望道译的《共产党宣言》交给他。我们谈些译书的事，总该忠实精细，但现在译书的人，每天以译书度过生活，总许有八千字，才能生活，于是不能不误会的误会，杜撰的杜撰，这是私有财产制度下，没有一件事可做了。（1920年6月28日）

这两段文字便出自俞秀松日记。众所周知，《共产党宣言》的第一个中文全译本出版于1920年8月，是由陈望道翻译，陈独秀和李汉俊校对的。现在，通过俞秀松日记，我们知道了第一个译本是由英、俄、日三国的译文校对完成的，还知道了译书过程中的诸多细节性场景，百年前的历史似乎变得鲜活了。

作为接受马克思主义的先进知识分子，俞秀松将理论与实践相结合，知行统一。他到上海后不久，就脱下长袍，进入厚生铁厂做工。他在日记中写道进工厂的目的：

（1）观察现在上海各工厂底内容和工人底生活状况；

（2）观察工人底心理，应该施什么教育和交际的方法；

（3）尽我底能力，于可能的范围内，组织一个很小的工人团体……（1920年6月29日）

1920年11月，厚生铁厂等单位联合组建的"上海机器工会"正式成立，这是上海共产党早期组织指导下创建的第一个工会，俞秀松在其中的工作不可忽视。

俞秀松在厚生铁厂做工的几个月，正是中国共产党早期组织筹建发起的时候。一切有利于建党、有利于人民的事情，他都努力去做。1920 年 6 月，上海共产党早期组织成立，俞秀松是 5 个发起人之一。紧接着，上海社会主义青年团成立，俞秀松任书记，在他的努力下，全国各地的团组织得到了极大发展。

　　透过俞秀松日记，我们看到了百年前风起云涌的时代中，一名革命青年的成长轨迹。它是革命先贤留给我们的珍贵记忆，一份无价的遗产。

（鲍晓琼）

非凡经历的见证

——斯大林赠予俞秀松的漆布木箱

1936 年 7 月斯大林赠予俞秀松的漆布木箱（70 cm×40 cm×23 cm）

1936 年 7 月，俞秀松在新疆迪化结婚，斯大林闻讯赠予一箱礼品。这是盛放礼品的箱子。此箱质地漆布包木，棕色，两边有钥匙孔，中间为提手（已破损）。

1925 年，俞秀松赴苏联学习。由于出色的学习和工作表现，在学业结束后，俞秀松继续留在苏联工作。从 1925 年到 1935 年近 10 年的时间里，俞秀松刻苦攻读马列主义，在工人文化教育方面做了许多研究。

1935 年，俞秀松化名王寿成，率领 25 名联共党员，从苏联赴新疆迪化（今乌鲁木齐），对军阀盛世才开展统战工作。俞秀松到了新疆，首先对新疆民众反帝联合会进行了改组，促使其贯彻执行"反帝""亲苏""民（族）平（等）""清廉""和平""建设"六大政策。为了加强宣传工作，反帝总会组成了以俞秀松为主编的《反帝战线》编委会，大量发表介绍社会主义、马列主义、宣传抗日救亡形势的文章，在广大会员中产生了积极影响。同时，为了巩固、扩大抗日民族统一战线，培养理论骨干，推动基层组织学习，反帝总会经常举办各种培训班，从新疆各区、分会选送青年积极分子参加。

俞秀松为新疆的发展花了许多心血。为了发展新疆各民族文化，俞秀松开办了各民族文化促进会，倡导扩大师范教育，招来民族学生送入师范学校学习。俞秀松担任新疆学院院长兼省立一中校长，新生入学第一课就是他讲授的"树立革命人生观问题"。

俞秀松在新疆工作期间，遇到了盛世才的妹妹盛世同——他心目中的终身伴侣。盛世同也因为俞秀松正直的品质、渊博的学识对他产生了好感。俞秀松与盛世同在1936年夏结成连理，斯大林为了表示祝贺，送来一箱衣物等礼品。

原本以为这段受到各方祝福的婚姻会得到完美的结局，却不料厄运转瞬即临。俞秀松由于在工作上的突出表现，引起了盛世才的恐慌。1937年12月的一天晚上，盛世才将俞秀松抓捕入狱，诬陷他参与"托派"。1938年6月，苏联数十名荷枪实弹的士兵，将俞秀松押赴苏联，他于1939年初在异国牺牲。

自与俞秀松分别，盛世同便愤然与哥哥断绝关系，并改随母姓，自名"志洁"以示其志。她一直在寻找、探听俞秀松的消息。1948年冬，安志洁的家人都去了台湾，她却选择留在浙江诸暨等待俞秀松归来，直到中华人民共和国成立后才得知她与俞秀松早已天人永隔。

这个漆布木箱是他们誓言的开始，历经半个世纪的沉浮，讲述了一段有关坚守、信念和理想的英雄故事。

（鲍晓琼）

从容莫负少年头

——留法勤工俭学学生"魂"致何孟雄的明信片

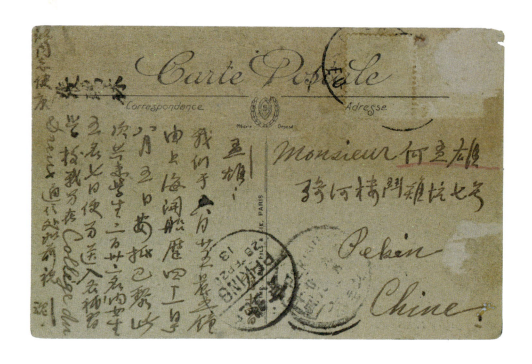

1920 年 8 月 14 日留法勤工俭学学生"魂"致何孟雄的明信片（13.8 cm×8.5 cm）

留法勤工俭学学生"魂"致何孟雄的明信片（背面）

这是 1920 年 8 月 14 日留法勤工俭学学生"魂"寄给何孟雄的明信片。明信片的背面为湖泊风景图案，图案下方有印刷字"259 PARIS，—Le Las du Bois de Boulogne.—XX."（意为 259 巴黎——布洛涅树林的湖泊——XX.）。明信片的正面是黑色钢笔书写的内容，分为左右两栏：左栏为正文，右栏为何孟雄的通信地址。明信片贴两枚邮票（征集时已遗失），盖 4 枚圆形邮戳，其中两枚的内容随邮票遗失而不见，仅留下圆形轮廓；另两枚为寄达邮戳，内容分别为"北京 PEKING 28 SEP 20""PEKING 九月廿八 北京"。明信片左上角的正文上方钤有"张瑞林"黑色印戳。

Monsieur 何孟雄

骑河楼斗鸡坑七号 Pekin Chine

孟雄：我们于六月廿五晨五（点）钟由上海开船，历四十一日，于八月五日安抵巴黎，此次共来学生二百卅二名，内女生五名，七日便分送入各补习学校，我分在 College de Dreux，通信处如前。祝诸同志健康　魂　　八月十四日

何孟雄（1898—1931），湖南酃县人。1920 年参加北京共产党早期组织。1921 年任中共北京地委书记。同年参与北方劳动组合书记部领导，多次参与组织北方工人运动。历任中共唐山地委书记、汉口市委组织部长等职。1927 年任中共江苏省委委员、省农委秘书等职，参与领导江苏等各地的农民斗争。1930 年任中共沪中区委书记。1931 年 1 月在东方旅社被捕，不久牺牲于龙华。

寄信人"魂"的真实姓名是留法勤工俭学学生蒲照魂。"骑河楼斗鸡坑七号"是何孟雄所参加的北京工读互助团第一组所在地。1919 年年底，一批胸怀改造社会

理想的青年组成北京工读互助团，开始实践共产生活。在北京大学旁听的何孟雄率先参加了工读互助团第一组的实践，与同学经营食堂、洗衣、英算专修等项目。1920年2月，在法文专修馆学习的蒲照魂与同学组成北京工读互助团第四组，经营食品和零售等项目。

在参加北京工读互助团之前，何孟雄和蒲照魂都曾热心留法勤工俭学运动。1918年6月，何孟雄离开湖南老家，进入北京翊教寺留法预备学校攻读法文，同在北京进修法文的蒲照魂有可能在此时与何孟雄结识。

何孟雄和蒲照魂这两位有志青年，在追求真理、探寻社会改造的过程中逐渐成为并肩作战的战友。1920年5月1日，同为北京大学平民教育讲演团成员的何孟雄、蒲照魂等人发起和组织了我国第一次纪念五一国际劳动节大会。当天，他们在城区游行、散发传单并进行演讲，揭露统治阶级对工人阶级的剥削和压迫，引发了反动当局恐慌，遂出动军警将其拘捕并关押。

最终，何孟雄和蒲照魂等人在北京大学校长蔡元培等人的联名具保之下才得以获释。1920年5月17日，何孟雄与蒲照魂等人从黑暗的监狱中走出时，受到北京学联的隆重欢迎。

经过这件事情，这两位热衷于追求真理的先进青年变得更加坚毅和成熟，开始探索新的救国救民道路。不久，何孟雄加入北京共产主义青年团和共产主义小组，成为中国共产党组织的最早成员之一和工人运动的先驱。蒲照魂则踏上了赴法留学的另一条路径。

这张明信片不仅是何孟雄与蒲照魂友谊的见证，还是中国青年孜孜不倦追求真理的缩影，也是何孟雄关心留法勤工俭学情况的真实记录。1984年，这件文物由何孟雄之妻缪伯英烈士的胞弟缪立三捐赠。2001 年 9 月，经国家文物局近现代一级文物确认专家组鉴定，确认为一级文物。

（徐　贞）

"英雄夫妻"的革命爱情

——何孟雄、缪伯英的"伯雄藏书"印鉴

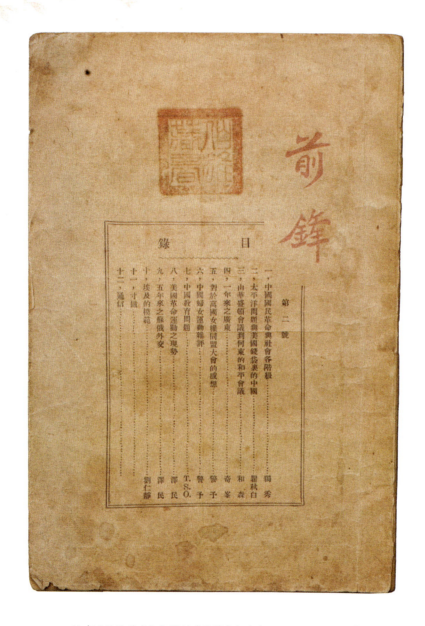

钤有"伯雄藏书"印鉴的《前锋》杂志（25.5 cm×17.5 cm）

这本钤有"伯雄藏书"印鉴的杂志是中共中央早期机关刊物《前锋》（在上海创刊，发行于 1923 年，由瞿秋白主编，仅出了 3 期就停刊了）。《前锋》杂志前 3 期已经很珍贵了，更弥足珍贵的地方是，杂志封面上盖有"伯雄藏书"字样的印章。"伯雄藏书"，如果不说，你可能觉得这只是个普通人的藏书印鉴，然而，"伯雄"并不是一个人的名字，这两个字分别来自一对夫妻的名字，妻名在前，夫名在后。"伯雄藏书"是中国共产党第一对党员夫妻何孟雄和缪伯英的结婚喜章。这个印鉴，在那个患难与共的年代见证了这对英雄夫妻生死不渝的革命爱情。

缪伯英是中国共产党的第一位女党员。1919 年 7 月，她以长沙地区考分第一的成绩，考取了北京女子高等师范学校理化系。她和何孟雄就是在北京认识的。当时何孟雄在北京大学文科政治系旁听。在一次湖南同乡会上，两人认识了。何孟雄也是中国共产党最早的党员之一。经他介绍，缪伯英参加了北京大学马克思学说研究会，从此他俩为了共同的革命理想，投身于革命事业。1921 年，缪伯英和何孟雄在北京结婚，住在北京景山西街的中老胡同 5 号寓所。他们将共同拥有的书籍加盖了"伯雄藏书"字样的印章，寓意为他们因共同的理想信念结合在一起，是红色伴侣、"英""雄"夫妻。他们约定以后两个人的藏书都加盖上结婚喜章，用共同收藏的书籍见证他们的爱情，见证他们的革命事业。

1927 年，缪伯英与何孟雄奉命秘密调赴上海。缪伯英担任中共沪中区委主任、妇委主任，何孟雄任中共沪西区委书记。由于长期夜以继日地为党工作、长期营养不良且生活极不稳定，缪伯英的身体相当虚弱。1929 年缪伯英感染伤寒，染上重病。临终前，她对何孟雄说："既以身许党，应为党的事业牺牲，奈何因病行将逝世，未能战死沙场，真是憾事！孟雄，你要坚决斗争，直到胜利。你若续娶，要能善待重九、小英两孩，使其健康成长，以继我志。"同年 10 月，缪伯英病逝于上海，年仅 30 岁。两年后，何孟雄被国民党反动派杀害于龙华监狱。他们夫妇身后留下的一双儿女在龙华监狱被监禁一年多，下落不明，有人说被送入上海孤儿院收养，有人说被国民党反动派杀害。中华人民共和国成立后，虽经多方查找，依然毫无踪影。

那本盖有"伯雄藏书"印鉴的《前锋》杂志，今天能在龙华烈士纪念馆保存并展出，也有一个保存经过。当年，缪伯英和何孟雄夫妇转移到上海前，是在武汉的中共湖北省委工作。在离开武汉的前夕，他们把一些不便携带的书籍、书信、照片等分别存放在双方亲属家中。1929 年缪伯英去世后，存在缪家的部分物件就由缪伯英的胞弟缪立三收藏。1984 年，当时的上海市烈士陵园（现更名为上海市龙华烈士陵园）向缪立三征集文物时，其慷慨应允，将有"伯雄藏书"印鉴的《前锋》杂志慷慨捐赠。

（尚　娅）

马克思主义传播之炬

——李汉俊的皮包

1922年李汉俊讲学时用的皮包（35 cm×23 cm）

龙华烈士纪念馆

馆藏精品文物集萃

　　这只黑色皮包是李汉俊1922年讲学时所使用的，皮包上方有拎手，包内有夹层，锁面有"K.D.K.&C.O"字样。

　　李汉俊（1890—1927），湖北潜江人。早年留学日本。1918年回国后，从事翻译和撰写工作，宣传马克思主义。1920年，参加上海马克思主义研究会，不久与陈独秀发起创建上海共产党早期组织，并参加党的一大。1926年春，到上海大学执教，主讲"唯物史观"。1927年，任湖北省政府委员兼教育厅长；同年遭桂系军阀逮捕杀害。

　　1918年年底，李汉俊从日本东京帝国大学土木工程系毕业，怀着救国热忱和革命激情回到祖国。他并没有带回多少土木建筑的专业书，却带回不少英、德、日文的马克思主义书刊。到达上海后，他向董必武等人介绍宣传俄国十月革命和马克思主义，董必武更是将李汉俊视为"我的马克思主义之父"。从1919年到1921年，仅在上海，李汉俊就发表了90余篇译文和文章。他以旺盛的精力，积极宣传马克思主义，传播新文化，抨击统治者，支持罢工，介绍外国劳工运动和进步文学运动。

中共一大后，李汉俊因与陈独秀、张国焘政见不合，于 1922 年春离开上海返回湖北。为作掩护，他曾在武汉市政督办公署汉口商场督办处挂了个工程师的名头，但实际上在武昌中华大学担任社会学教师，还在国立武昌高等师范历史社会学系担任教授。在李汉俊从上海回到武汉三镇时，正值湖北女子师范顽固守旧校长以宣传"赤化"的罪名，无理解聘了一名共产党员身份的教师，开除了一些进步学生。全校学生愤而罢课，并在李汉俊支持帮助下坚持斗争，终于迫使校长被免职。李汉俊在武汉两所高校任课期间，工作并不轻松，但在 1922 年后的一年多时间内，他每个星期都要另外做一次对外开放的演讲，还轮流到武昌、汉口两个学会作指导。这只黑色皮包见证了李汉俊在青年群体中广泛宣传马克思主义的经历，为党的革命事业奔波劳碌的身影。

1994 年冬，上海市龙华烈士陵园筹建办工作人员赴武汉拜访李汉俊烈士的遗腹女李声馥，她将此包捐赠。据李声馥回忆，小时候她母亲曾对她讲过，这个皮包很珍贵，是李汉俊生前在武昌讲学时用过的，曾放过他宣传马克思主义的讲义。2001 年 9 月，经国家文物局近现代一级文物确认专家组鉴定，确认为一级文物。

（于海燕）

迎接北伐军

——李汉俊的皮护腿

李汉俊迎接北伐军时穿戴的皮护腿（43 cm×30 cm）

这是 20 世纪 20 年代李汉俊穿戴过的一副皮护腿，黑色，最上方是护腿的绑带，护腿从上至下有 7 对钉扣和 2 对扣眼。

1923 年，中共三大确定了与国民党建立统一战线、推动国民革命的方针。李汉俊拥护这一正确的方针，积极参加统一战线工作，并做出了成绩。1926 年夏，北伐军攻占长沙后，李汉俊与董必武作为湖北各界欢迎北伐军代表团成员赶到长沙。当时作为代表团副团长的李汉俊就是穿着这副皮护腿奔赴长沙，敦促北伐军速攻武汉的。他们向北伐军递送了湖北武昌敌军军事情报，并迎接北伐军，李汉俊被委任为国民革命军总司令秘书，不久随北伐军回到武汉。

此时，武昌城尚未攻克，李汉俊一方面协助董必武，为支援北伐军攻打武昌城而奔波；另一方面，积极参加湖北省政权的建设工作。1923 年 9 月 23 日，湖北政务委员会宣布成立。李汉俊出席了第一次会议，任政务委员兼接收保管委员会主席委员，后又兼任教育科长。湖北省政务委员会人选是蒋介石指定的，是一个"鱼龙漫衍的模范政府"。"委员会五花八门，有的昨天还是罪该万死的旧军阀，而今天便一跃而成为了功高千古的革命功勋。"李汉俊却是"铮铮佼佼的第一流人物"。

1927年，李汉俊同董必武一起参加国民党湖北省党部工作，成为省党部的执行委员，协力推进国民革命。李汉俊出任湖北省教育厅长，大力支持农工运动，并在毛泽东创办的湘赣农民运动讲习所担任专职教员，传播马克思主义思想。李汉俊开展的系列革命活动引起了反动派的敌视，桂系军阀胡宗铎通过日本驻汉领事，派出便衣干探，会同日本巡捕，于1927年12月17日拘捕李汉俊，并将其残忍杀害。

1994年，上海市龙华烈士陵园筹建办工作人员赴武汉拜访李汉俊的女儿李声䔀，她将此皮护腿捐赠。据李声䔀回忆，小时候母亲告诉她，这副护腿是父亲在迎接北伐军的时候使用过的。父亲牺牲后，一直由她母亲保管此物；母亲去世后，又留给了李声䔀。

（于海燕）

上海工人第三次武装起义胜利的见证

——罗亦农的长袍马褂

罗亦农穿着的长袍（总长 139 cm）

罗亦农穿着的马褂（总长 58 cm）

上海工人第三次武装起义胜利后，上海特别市临时市政府第一次执行委员常务会议与会人员合影
（前排右四：身着此套长袍马褂的罗亦农）

此两件文物为一套，年代为新民主主义革命时期，其中长袍质地为蓝灰直贡呢，右开斜门襟，共有 5 个一字形盘纽。内衬面料为藏青色。马褂质地为毛葛，衣襟从上至下 5 个一字形盘纽。

　　这套衣服是 1927 年 3 月罗亦农参加上海特别市临时市政府成立典礼时穿过的，并有穿着时的照片留存。该文物是对大革命时期中国工人运动的一次伟大壮举——上海工人第三次武装起义胜利的见证。

　　罗亦农（1902—1928），湖南湘潭人。1921 年留俄期间加入中国共产党，任中共旅莫斯科支部书记。1925 年回国，12 月任中共江浙区委书记。1927 年参与领导上海工人三次武装起义，同年任中共中央组织局主任。中共第五届中央委员，八七会议当选中央临时政治局委员，后任中央临时政治局常委。1928 年在上海被捕，后于上海龙华就义。

　　1926 年 8 月，由罗亦农任书记的中共江浙区委根据中央军委的指示，组织了上海军事委员会，准备开展工人武装起义以配合北伐，推翻军阀统治。在上海工人连续举行三次武装起义的斗争中，罗亦农几乎倾注了全部的心血。起义前夕，除了在市内的大量活动外，他还挤出时间赴外地检查工作，统筹江浙区各地工作。但因为种种原因，前两次的武装起义都以失败告终。

　　在总结了两次起义失败的教训后，中共中央和上海区委召开了联席会议，会议决定，成立以周恩来、罗亦农等 8 人为委员的特别委员会作为领导起义的最高机构，下设特别军事委员会和特别宣传委员会。1927 年 3 月中旬，周恩来、罗亦农等认为时机成熟，决定全力组织总同盟罢工，并举行武装起义。按计划，起义分为 7 个区进行，罗亦农负责南市区。3 月 20 日，他在老西门召开了南市区党员、积极分子和工会负责人会议，进行动员和布置。21 日凌晨，江浙区委委员、各部委书记召开紧急会议。会上，罗亦农发布命令："今天正午 12 点，全市实行总同盟罢工，并同时举行武装起义。"会上还宣布周恩来任总指挥，罗亦农负责联络和处理机关事务。当天 12 时，上海 80 万工人开始了总同盟罢工。下午，除敌人巢穴所在地闸北区的战斗仍在继续外，其他 6 个区的战斗均已胜利结束。罗亦农随即调集了沪东、虹口、沪西 3 个区的工人武装支援闸北。晚上，敌人开始火烧闸北火车站附近的民居，趁火反扑。罗亦农和秘书赶到前线配合指挥战斗。面对大火，他对秘书说："什么都不要怕，那里有群众，大火是可以扑灭的，最后的胜利是属于我们的！"经过两天一夜的战斗，解放了除租界以外的整个上海市区，上海工人取得了武装起义的伟大胜利。当天，上海工商学各界举行市民代表大会，选举产生了由罗亦农等19 位委员组成的上海市特别市临时市政府。罗亦农在大会上宣布了市民政府成员的名单，并发表了鼓舞人心的演讲，他说："现在的上海，不再是帝国主义、北洋军阀的上海，是工人阶级的上海！"

　　1927 年 4 月，罗亦农牺牲后，其生前衣着用品均由妻子李文宜收集、整理并保存，曾先后置于杨之华、邓颖超等人的秘密居所。后李文宜赴莫斯科学习，罗亦农遗物曾转存在李文宜本家亲属处。1992 年，由李文宜捐赠给上海市龙华烈士陵园筹建办。

（沈申甫）

伉俪情深

——朱镜我的结婚照

1923 年朱镜我与妻子的结婚照（13.5 cm×9.1 cm）

　　这张照片是 1923 年朱镜我与妻子的结婚照。照片黑白色，妻子赵霞君身着浅色旗袍坐于中式扶手椅上，朱镜我穿浅色中山装立于身旁，右手轻抚妻子肩膀。

　　朱镜我（1901—1941），浙江鄞县人。早年赴日留学。1927 年回国后，在上海加入创造社。1928 年加入中国共产党。1930 年参与组建中国左翼作家联盟。后任中国社会科学家联盟党团书记、中共中央文委书记等职。1938 年参加新四军，任政治部宣传教育部部长，其间负责编辑《剑报》副刊、《抗敌》杂志，创作《我们是战无不胜的铁军》歌词。1941 年"皖南事变"突围时牺牲。

　　1921 年，与其相依为命的二哥突然病逝，留学日本的朱镜我遭受此打击，悲痛欲绝。"逝者已矣，生者何如？耿耿长夜，茫茫前途，将如何途之耶？"他在哥哥逝世当天的日记里感慨道。

正当朱镜我陷于丧兄的痛苦中，精神伤痕难以抚平之际，一位姑娘来到他的身边。这位姑娘便是他的乡友赵霞君。赵霞君端庄、秀丽，性格温和，自浙江省立师范毕业后便赴日留学。她充满柔情的关怀和体贴给了朱镜我很大的慰藉。不久，两人的关系便由友情发展为爱恋。

随着两颗相爱的心日益靠拢，1923 年一放暑假，朱镜我便赶到东京与赵霞君结婚。婚后两人相濡以沫，琴瑟和谐。为了让朱镜我一心从事变革中国社会的斗争，赵霞君一手将子女抚养成人，同时还挣钱补贴丈夫的生活费用。这真是一个平凡而又伟大，值得人们尊敬的女性。朱镜我反对包办婚姻，主张自由恋爱，对待爱情、婚姻的态度十分严谨，具有很强的责任心。他极鄙视那种喜新厌旧、奉行杯水主义的人，因此在当时留洋文人中被奉为楷模。

1924 年 5 月，朱镜我与赵霞君的长子在东京出生，这是朱家十几年来连续丧丁折口后新添的第一个小生命，夫妇俩欣喜之情难以言喻。但是仅靠朱镜我一人的微薄收入实在难以支撑一家三口的生活，为了让丈夫能够专心学业，赵霞君携子先行回国。

1996 年 8 月，上海市龙华烈士陵园工作人员来到北京朱镜我之子朱庭光的府上，接受朱庭光捐赠其父母 1923 年 7 月在东京的结婚照。这张照片是朱镜我与赵霞君夫妻情深的见证，他们的美好爱情故事已成为一段佳话永世流传。

（潘 晨）

马列主义修炼手册

——朱镜我日记

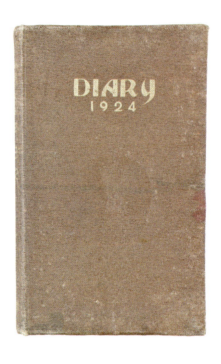

1924 年朱镜我日记（17.2 cm×11 cm）

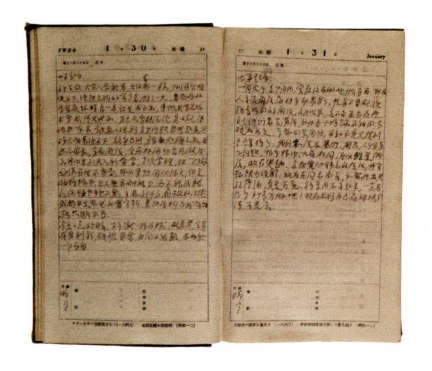

1924 年朱镜我日记（内页）

这是朱镜我在日本留学时所写的一本日记，起于 1924 年 1 月 1 日，止于 5 月 28 日。

朱镜我的这本日记记载了他学习、研究马列主义的过程。从日记内容中还可以看出，朱镜我通过对三民主义、人道主义、实验主义、托尔斯泰主义以及欧洲中世纪末哲学等思想学说与马克思主义的对比鉴别，逐渐使自己的社会主义倾向日趋明显；对于资本主义制度，特别是对日本帝国主义的批判，日益强烈。对于列宁和布尔什维克，他表现出了明确的同情和支持态度。

1924 年，朱镜我在长达四五年的探索之后，终于初步接受马克思主义。在 1 月 11 日的日记中，他写道："晚饭后散步，顺便买一些唯物史观研究。"从日记中可以看出，他迫切想寻找志同道合之人以一吐心曲。他在 1924 年 1 月 31 日的日记中写道：

我们老老谈及艺术、国家、人性等等问题，根本精神，大底相同，所以虽是闲谈，颇有兴趣。这样宽心舒意的谈话，我实在缺少经验，现在在同志面前，和盘托出，共相讨论，真是可喜。将来同志多起来，一定有几章事情可做吧！现在且将自己的底理路分清为先着。

朱镜我选择了社会学作为大学专业志愿，在 1924 年 1 月 29 日的日记中，他表示："社会学固当研究社会底本质及其发展的过程道上底法则，进而树立社会的理想，指导社会的去趋。"与此同时，当他听闻列宁去世，感到异常痛心，在日记中他盛赞列宁是"一个伟大的实行家，为人类造幸福的大努力家"，并表示："李（列）宁虽死，他的精神赫然存在，我辈当要努力，忍痛一时！"1924 年 3 月 1 日，他以更加明确的语言写道："李（列）宁死了，但李（列）宁的精神不死，要想改造社会，非有他底精神不可！学力才智，是不能个个人能够创造，但这种精神，却可学而知之。"

进入东京帝大学习后，朱镜我在系统学习研究马、恩、列原著的基础上，坚定地确定了对马克思主义的信仰，为回国后研究、宣传马列主义打下了深厚的理论根基，为马克思主义在中国的传播做出了卓越的贡献。

（潘　晨）

五卅运动的"导火器"

——顾正红与打梭棒

顾正红与工友们的战斗工具——打梭棒（67.5 cm）

这根打梭棒是上海日商内外棉七厂工人拆卸下来的机器零件，木质，一头为长方体，另一头为圆柱体，上有 3 个小孔眼。1925 年 5 月 15 日，顾正红带领工人在反抗日商资本家斗争中，就是以这类打梭棒为战斗工具。从这根打梭棒上，能够感受到 90 多年前，工友们在共产党员顾正红的带领下，面对日商资本家的威胁所表现出的英勇不屈的精神。

顾正红（1905—1925），江苏阜宁人。中共党员。1922 年先后进入上海日商内外棉九厂、七厂工作。1924 年参加沪西工友俱乐部，成为工人夜校活动的积极分子。1925 年参加"二月罢工"，同年 5 月 15 日为捍卫工人利益，惨遭日商资本家枪杀。他的牺牲成为"五卅运动"的导火索。

1925 年 2 月，与顾正红所在工厂相邻的内外棉八厂，发生了日本监工殴打女工和开除 50 名男工的事件。此时的纱厂工人经过党的启迪和教育，已初步觉醒，一致要求斗争。按照党的指示，内外棉五、七、八、十二等厂工人开始同盟罢工。最终，日商资本家被迫同意了工人提出的 4 项条件，"二月罢工"取得初步胜利，使得上海的工人运动走出低谷。

四五月间，棉纱行情发生了世界性的变化，由棉贱纱贵变成了棉贵纱贱。日商资本家乘机撕毁"二月罢工"时签订的协议。针对这种情况，各厂工人在工会的领导下进行轮流怠工的斗争。

5月14日，日商资本家突然宣布开除内外棉十二厂多名工人代表。由于顾正红所在的七厂是靠十二厂供应棉纱的，针对这一情况，顾正红等工人骨干紧急召开会议。经讨论认为：日本资本家很可能以十二厂工人停工为借口，迫使七厂停工，借以制造各工厂工人之间的矛盾，削弱工人斗争力量。

果然不出所料，5月15日，七厂日班工人清晨来上工，日商厂方和巡捕房便密谋把他们骗离工厂。顾正红得讯后，马上约上工人中的积极分子，分头报信，动员夜班工人坚持上工。可等了许久，厂门还是关着。于是，他带领工人撞开大门，冲进厂内。看门的日本人便用灌铅的警棍殴打赤手空拳的工人，有的工人被打得头破血流。顾正红见状，怒呼："东洋人打人啦！大家跟我来！"他带领一批工人直奔物料间，拿起打梭棒充作自卫反击的武器。日本人注意顾正红已久，向他射出了罪恶的子弹，身中4枪的顾正红倒在了血泊之中。木质的打梭棒终究敌不过无情的子弹。两天后的5月17日，年仅20岁的顾正红伤重不治身亡。

中华人民共和国成立后，上棉二厂（原日商内外棉七厂）的机器更新改造，更换下来的旧零件大部分弃置在零件仓库中。1993年，上海市龙华烈士陵园筹建办与上棉二厂厂史资料陈列室有关人员进行了联系，征集顾正红及"五卅运动"的有关资料和实物，厂方特意请来了已退休的老同志前来座谈。经指认，该打梭棒确属当年之物，二厂遂将其捐赠。

（杨　翼）

管窥学生运动的窗口

——《五卅后之上海学生》

《五卅后之上海学生》(17.5 cm × 13 cm)

《五卅后之上海学生》（内页）

《五卅后之上海学生》发行于 1925 年 12 月 30 日，由上海学生联合会出版，铅印，竖排。封面上部用红色油墨印刷着 7 位青年持弓射击的昂扬姿态，下部是李石岑题写的书名"五卅后之上海学生"。

序作者之一杨贤江（1895—1931），又名李石岑，浙江余姚人。1919 年参加少年中国会。1921 年起在商务印书馆编辑《学生杂志》。1922 年加入中国共产党。先后任中共上海地方兼上海执行区委员会委员、国民党上海特别市党部执行委员等职，并参加上海工人三次武装起义。"四一二"反革命政变后，受中共委派前往日本工作。1931 年在日本逝世。

《五卅后之上海学生》除序言外，共有 12 个章节："五卅运动初期之上海学生""五卅运动中之上海学生与上海民众""对英日经济绝交之概况""宣传五卅惨案之经过""暑假期中之工作""上海学生联合会之改组""反奉战争与上海学生""反对关税会议与司法重查""学潮""援助同兴惨案及反抗警厅压迫""联合会与同乐会""结论"，另有附录《平民教育运动报告》一则。

《五卅后之上海学生》详细记载了上海学生在五卅运动中的奋斗经过。由于上海学生活动遍及各方面，所以上海各界民众的五卅运动经验和教训也共同总结出来。书中肯定了青年学生在民族解放运动中放弃学业、性命的牺牲精神，明晰不死读书、不作亡国奴的道理。此外，杨贤江还就今后上海学生联合会的工作提出了意见：

第一，要把本会按照第七次全国学生代表大会议决的组织统系，从速改组，且与总会发生应有的密切的关系，以作他处学生联合会的模范。

第二，要规定适合当地情行的办法，以实行代表大会议决的案件。

第三，要与上海总工会联合办理工人教育，努力向工人宣传帝国主义及其走狗们的罪恶，随时指示进行反帝运动的方法。

第四，要到附近乡间如江湾龙华真茹浦东等地，向农民解释帝国主义压迫我们使我们实际生活大受痛苦的情形，以及援助他们组织农会，办理学校，提倡协作社等。

第五，要努力谋本会与各校学生会的联络，帮助各校学生会做同学间宣传组织及谋同学利益的事，并设法向教会学校同学做反对教会教育运动；遇有学潮发生时，应注意各校学生会的联络与互助，以谋最后胜利。

这本刊物加强了上海学生联合会对学生运动的领导，增强了学联的战斗力，更好地宣传了马克思列宁主义，传达了中国共产党对学生运动的重要指示和方针，在思想上为改组学联做好充分准备。

《五卅后之上海学生》是研究五卅运动的近因、远因及其经过的重要资料，并且为研究上海学生联合会在中国学生运动中的特殊历史地位和价值提供了丰富的历史资料。与它所属的周刊《上海学生》，共同汇聚成为"上海四万余同学的喉舌"。

（杨 翼）

启智革命青年的译著

——《世界史纲》

《世界史纲》（17.5 cm × 13 cm）

《世界史纲》（内页）

这是杨贤江由日文翻译而来的《世界史纲》，铅印，共 179 页，约 8 万字，初版发行 1500 册。扉页印"世界史纲　柳岛生译　上海　创造社出版部　1928"。"柳岛生"为杨贤江的笔名。扉页正面钤"志万藏书"蓝色印章，反面钤朱文小篆印"翁士杰章"。书中多处有红笔、蓝笔作的圈点以及修正的痕迹。

1927 年年底，中共中央为保存革命力量，派杨贤江去日本旅居。避难期间，杨贤江深感当时中国革命青年的马列主义理论水平还比较低，无论是普及的程度还是研究的深度都亟待发展。于是他积极从事社会科学和教育科学的研究和翻译工作，把主要精力用于马克思主义的理论研究，尤其注重马克思主义教育理论的研究和传播。《世界史纲》就是在这种情况下翻译出版的。

该书除序言外，共分 10 章："地球之进化与人类之由来""原始人之社会与劳动""财产之起源与初期文明""希腊与罗马之国家""封建制度与基尔特组织""自由思想与资产阶级革命""科学的发达与产业革命""资本主义与劳动阶级""世界大战与俄罗斯革命""历史的发展与社会主义"。杨贤江在《译者序》明确指出译书的目的:

> 这本书是专门译给中国的革命青年看的。
>
> 生活在这个社会转换期前夜的中国青年,他们之负有何种重大的使命,已是用不着明说的事。
>
> 这本书却是供给他们认识这个世界从古以来的真面目,理解目下这个世界所以形成的过程,更预定这个世界未来进路的方向;换言之即帮助他们获得在实行革命——社会的变革上的一种武器,一种把握,一种心得。
>
> ……
>
> 这本书之所以标明为"新",也不为别的,只为这是站在我们的立场——被剥削被榨取阶级的立场来写述,足以当作革命的武器去把握的。

1929年5月,由于国内文化"反围剿"斗争的需要,杨贤江离开日本回到上海。当年下半年,中共中央宣传部成立中央文化工作委员会(以下简称"文委")。根据文委的统一部署,要编写一套"新兴社会科学丛书",作为社会科学通俗读物,以粉碎国民党的文化"围剿"。杨贤江作为文委委员,最先完成任务——《新教育大纲》落笔于12月27日,出版于1930年2月。这是我国第一部系统地运用马克思主义观点研究教育现象,探索教育规律,阐明教育理论的著作。可以说,旅日的革命经历和从事《世界史纲》等社会科学和教育科学的研究和翻译工作,为杨贤江

英雄壮歌

龙华烈士纪念馆
馆藏精品文物集萃

成长为一名马克思主义教育理论家奠定了基础。

杨贤江在中国革命最艰苦的年代里，用自己短暂的一生践行着自己的誓言："我必须以己之志诀吾之行，切不可存侥幸之想，又不可遇难而退，遇苦而悲，负虚此一生也。"

1998年6月，龙华烈士纪念馆工作人员从杨贤江之女杨明女士处征集到这本《世界史纲》，现陈列于展厅之中。

（杨　翼）

革命路上的指南

——《向导》周报

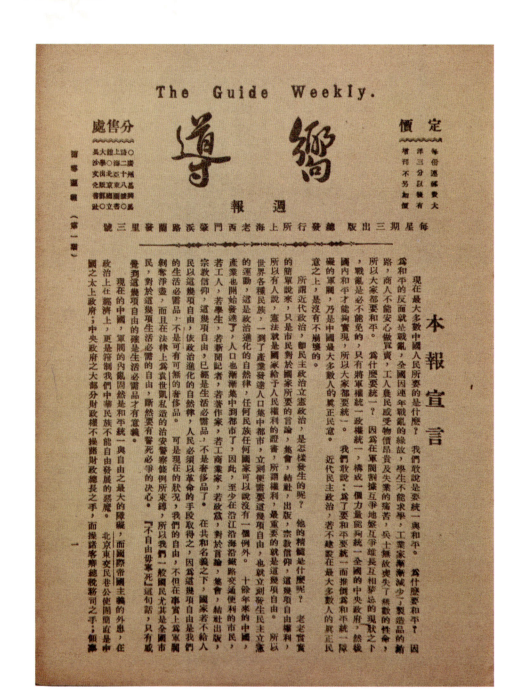

《向导》创刊号（影印本 26.4 cm×19 cm）

英雄壮歌

龙华烈士纪念馆

馆藏精品文物集萃

《向导》周报是中国共产党中央委员会的政治机关报。1922年9月13日在上海创刊，发行所位于老西门肇浜路（今复兴东路）兰发里3号。蔡和森、彭述之、瞿秋白先后担任主编，郑超麟负责编务。陈独秀、李大钊、毛泽东、张太雷等为主要撰稿人。《向导》周报发行量从几千份到10万份不等，1927年7月18日在武汉停刊，共出版201期，载文1474篇。《向导》周报先后辟有"时事评论""读者之声""外患日志"等灵活多样的栏目，集中宣传党的二大所制定的反帝反封建的民主革命纲领，在白色恐怖下坚持发行近5年，处于全国革命舆论的指导地位，被广大读者誉为"黑暗中的中国社会的一盏明灯"和"一线曙光"，真正成为指导千百万苦难同胞前进道路上的"思想向导"。

　　蔡和森（1895—1931），湖南双峰人。1918年参与组织新民学会，次年赴法勤工俭学并筹组旅欧共产党早期组织。1922年任《向导》主编，并兼任上海大学教授。中共第二至第六届中央委员，第五、第六届中央政治局委员、常委。1931年主持广东省委工作期间于香港被捕，同年在广州就义。

　　1922年中共二大召开，提出了民主革命的基本口号——打倒帝国主义，打倒封建军阀，建立民主共和国。为了向广大群众宣传这一主张，并将他们组织到这场斗争中去，党组织决定筹办《向导》周报，作为党的机关报。蔡和森负责筹备工作，并担任首任主编。《向导》周报一经创刊，便高举党的民主革命纲领的旗帜，系统宣传马克思列宁主义和党的方针政策。

　　《〈向导〉发刊词——本报宣言》是中国共产党的重要文献，全文约1400字，对中国共产党反帝反封建的民主革命纲领进行了全面的阐述，开宗明义地指出：

　　现在最大多数中国人民所要的是什么？我们敢说是要统一与和平……我们敢

说：为了要和平要统一而推倒为和平统一障碍的军阀，乃是中国最大多数人的真正民意。近代民主政治，若不建设在最大多数人的真正民意之上，是没有不崩坏的。

……

现在的中国，军阀的内乱固然是和平统一与自由之最大的障碍，而国际帝国主义的外患，在政治上在经济上，更是钳制我们中华民族不能自由发展的恶魔。

……

因此我中华民族为被压迫的民族自卫计，势不得不起来反抗国际帝国主义的侵略，努力把中国造成一个完全的真正的独立的国家。

现在，本报同人依据以上全国真正的民意及政治经济的事实所要求，谨以统一、和平、自由、独立四个标语呼号于国民之前！

蔡和森曾回顾说，发行周报的纲领完全是根据（中共）第二次大会的政治宣言，口号是打倒军阀和帝国主义，实行民主革命。他也曾说过，《向导》所宣传的一切，都没有离开过这个口号。在它的指引下，《向导》发挥中共中央政治机关报的领导作用，围绕"反帝""反封建"开展了积极的工作。蔡和森作为主编，以极大的热情组织发表并亲自撰写了大量文章，几乎每期都有，有时多达三四篇，既有长篇政论，又有时政评论，揭露和批判帝国主义和封建军阀，为推动大革命高潮的到来做了大量工作。

《向导》在持久的宣传作战中，逐渐成长为一份指导现实政治斗争颇有影响力的报纸。在"读者之声"专栏刊载了大量读者的赞誉之词。1922年10月22日，《向导》第7期刊登了读者陈复的来信，"我读了贵报，对于你们的主张非常赞成，而且狠（很）相信贵报是我们四百兆同胞的救命符"。正是在广大读者的支持下，

《向导》的发行量一再扩大，由最初的 1000 多份，很快上升到几万份，最高达 10 万份。1925 年中共四大明确肯定了《向导》周报通过几年的奋斗，终于"得立在舆论的指导地位"，成为党的"政策之指导机关"。

《向导》从创办到停刊，经历了第一次国共合作的建立与破裂，第一次国内革命战争的兴起与失败，而蔡和森主编《向导》的 3 年时间，是这个刊物办得十分成功的时期。《向导》高举民主革命纲领，集中宣传打倒帝国主义和封建军阀的主张，促进了国民的觉醒，在领导中国人民反帝反封建的民主革命斗争中，真正成为中国革命的向导。

（黄秋雨）

青年的指明灯

——《中国青年》

《中国青年》（19 cm×13.2 cm）

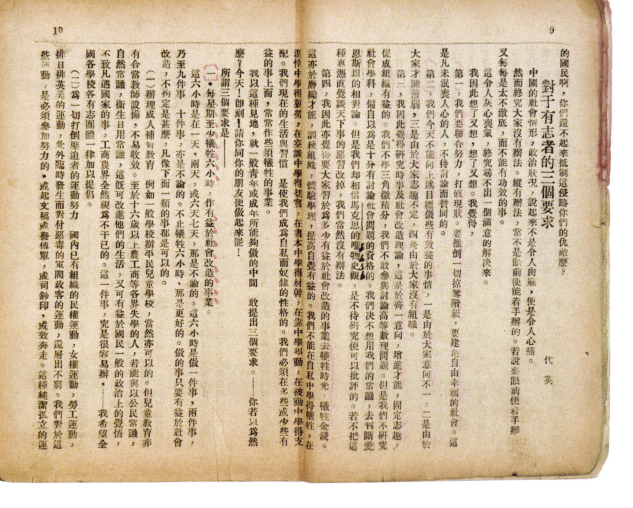

恽代英在《中国青年》第 1 期中发表的《对于有志者的三个要求》

　　《中国青年》是中国社会主义青年团的机关刊物，1923 年 10 月 20 日在上海创刊，发行所位于萨坡赛路朱依里 252 号（今黄浦区淡水路 66 弄 4 号）。恽代英、萧楚女、张太雷相继担任过主编，陈独秀、瞿秋白、毛泽东、邓中夏等为主要撰稿人。《中国青年》初创时只印 3000 份，后因受青年们的热烈欢迎，最高发行量曾达到 5 万份。其于 1927 年 10 月停刊，共出版 168 期，是大革命时期颇具影响的革命刊物。1923 年，《中国青年》在发刊词中喊出了觉醒的马克思主义者对中国青年的殷殷期盼："许多人都相信中国的唯一希望，便是靠这些还勃勃有生机的青年……"这是一颗年轻、炽热的心，怀着对中国最美好的期盼，通过《中国青年》召唤着每一个热血青年。

　　作为《中国青年》的创办者、首任主编、主要撰稿人，恽代英（1895—1931）1921 年加入中国共产党。1923 年主编团中央机关刊物《中国青年》。1924 年在第一次国共合作时期参加国民党上海执行部工作，后参与领导"五卅运动"、南昌起义和广州起义。曾任黄埔军校政治教官。中共第五届中央委员，中共第六届中央候补委员。1930 年在上海任中共沪东区委书记时被捕，后被关押在龙华国民党淞沪警备司令部。1931 年于南京就义。

恽代英长期担任教育工作，同青年人生活在一起，知道青年的迫切要求。主编《中国青年》使他有机会把多年的经验和认识在刊物上发表出来，不但向广大青年进行了广泛深入的宣传教育工作，而且通过刊物和青年保持联系，开展了建团、建党活动。在《中国青年》创刊第 1 期里，恽代英写了一篇《对于有志者的三个要求》的文章，要求青年：

一、每星期至少牺牲六小时，作有益于社会改造的事业。

二、每星期至少牺牲六小时，作有益于社会改造理论与办法的研究。

三、有收入时至少捐其十分之一作有益于社会改造的事业。

这个倡议在青年中引起强烈的反响。两个月后，一名四川青年社团负责人张霁帆致信恽代英："你的三个要求，已拿在蓉社去实验，从下星期起，因为你是著这出戏的剧材的人，所以演这戏时先告诉你。"不久，在全国第六届学代会期间，恽代英见到了张霁帆，看到他穿得十分单薄，当即把自己穿的棉袍子脱下来送给了他，自己则到估衣店里买了件褂子御寒。也是在这届学代会上，恽代英介绍张霁帆加入了中国共产党。此后两年间，张霁帆担任中共豫陕区委委员兼共青团区委书记，往返于开封与上海之间，向党中央请示汇报工作。正如郭沫若所说："在大革命前后的青年学生们，凡是稍微有些进步思想的，不知道恽代英，没有

英雄壮歌

龙华烈士纪念馆
馆藏精品文物集萃

58

受过他影响的人，可以说没有。"大时代成就了一批青年，青年也成就了一个大时代。

从 1923 年到 1927 年，《中国青年》随着革命的浪潮而起伏，以其无畏的战斗激情度过了它最初的 4 年灿烂历程，教育和影响了整整一代青年人，在中国青年运动史和现代革命报刊史上占据了光辉的一页。

（黄秋雨）

斯人已逝　桃花依旧

——柔石在上海龙华留影

1926 年 4 月柔石在上海龙华留影（10.5 cm×8 cm）

这张照片为柔石的全身照。背面是柔石用红笔所题的字："上海龙华寺娘娘宫前摄影，时丙寅清明前一天，摄者柴时遴君"。

柔石（1902—1931），原名赵平复，浙江宁海人。1926 年任镇海中学教务主任。1928 年任宁海县教育局局长。同年参与筹备朝花社。1930 年加入中国左翼作家联盟，任"左联"执行委员，并代表"左联"参加全国苏维埃区域代表大会，同年加入中国共产党。1931 年 1 月在东方旅社被捕。柔石的作品《旧时代之死》《二月》《为奴隶的母亲》等倾诉百姓的疾苦，鞭挞吃人的社会，让许多读者潸然泪下。这些含血带泪的控诉不仅在国内好评如潮，而且被译成英、俄、法、德及印度等外文，影响遍及世界。

1926年早春，柔石结束了在北京大学中文系一年的旁听生生活，离开北京南下上海，欲寻谋生之所。到上海后，柔石暂住同学家，为创办私立中学的事而频频奔波在沪杭道上。此前，听闻段祺瑞政府在北京屠杀青年学生的"三一八"惨案，柔石满腔愤懑无处发泄，也就是在这个时候，他开始着手创作长篇小说《旧时代之死》。

在谋生之余，有一个地方吸引着他，就是旅游胜地——龙华。龙华为上海看桃花的名所，阳春三月亦为桃花争艳的季节。1926年，清明前一天的4月4日，柔石和友人同游，到这里赏景观花，并在龙华寺娘娘宫前的桃花树下，穿长袍马褂，右手放在腰间拍照留念。为他拍照的柴时遴是画家，也是他的同乡好友，在上海以设计布匹上的图案花纹为生。

在柔石留下的为数不多的照片中，这是在上海拍摄的第一张，此时他第一次想在上海立足，但没有成功。5年后，也就是在这片柔石曾经心向往之的风景胜地，他与其他23名优秀革命战士被国民党反动派集体枪杀。烈士的血染红了龙华的荒野，就像当年那片桃花一样鲜艳。

（潘　晨）

一代才俊的最后定格

——柔石居室留影

1928 年 10 月柔石居室留影（10 cm×7.8 cm）

　　这张照片中柔石身穿西装，坐在房间的桌前，双手交叉放在桌上，头向左微扬。背面题："平福在房间内　一九二八年十月　时年二十七岁　友福煦君摄于沪"。这也是柔石生前拍摄的最后一张照片。"平福"是柔石的原名，他考上浙江省立第一师范学校后又改名为"平复"。拍摄者"福煦"，系民国时期著名副刊编辑孙伏园之弟。2012 年初，柔石长子赵帝江与弟妹商议后，将这张照片捐赠给龙华烈士纪念馆。

　　1926 年，在结束了北京大学中文系旁听生生活后，柔石受聘于镇海中学。1927 年

9月到宁海中学任职。1928年1月出任宁海县教育局局长。同年5月26日中共宁海县委领导的"亭旁暴动"取得了胜利，但由于国民党当局调重兵镇压，暴动失败。国民党当局公开逮捕宁海中学教师和学生，并命令解散学校。柔石奔走无望，教育救国的志向至此完全破灭。1928年6月，他不得不离开家乡，再次到上海谋生。

1928年9月，柔石由同乡引荐至闸北横浜路景云里23号拜见鲁迅先生。对于鲁迅先生，柔石仰慕已久，早在浙江第一师范求学时代，鲁迅那彻底反封建的第一声"呐喊"——《狂人日记》，曾使他读得废寝忘食。鲁迅作为新文学运动的丰碑，已高高矗立在柔石的心坎上。柔石的诚实好学，也使鲁迅颇有好印象，慨允为他审阅所呈长篇小说《旧时代之死》。

之后鲁迅搬到景云里18号，把23号的房子让给柔石等人居住，还特意叫他们几个无家眷的年轻人来与自己一起搭伙用膳。柔石当时住3楼。这张照片背后题写的时间是1928年10月，如是当时柔石居住的房间的话，拍摄地点就是景云里23号。

柔石得到了鲁迅的关护、启迪、教育和帮助。唯一的一部长篇小说《旧时代之死》经鲁迅推荐出版。在鲁迅的帮助下，他首次以柔石的笔名发表小说《人鬼与他妻的故事》。这是柔石第二次在上海立足，因得到了鲁迅先生的帮助，柔石的文学创作水平突飞猛进，成绩斐然。

柔石牺牲后，鲁迅听闻噩耗，夜不能寐。烈士牺牲两周年时，为了表示对柔石等"左联"五烈士难以忘却的纪念，鲁迅写下了著名的杂文《为了忘却的纪念》，发表在《现代》杂志上。

（潘　晨）

一件精巧的战利品

——彭干臣的指南针

1926 年彭干臣缴获的指南针（口径 4.5 cm）

这枚指南针是 1926 年彭干臣率队攻占武昌城时缴获的战利品。指南针材料为铜制，翻盖式样，外表盘中间刻有箭头。

彭干臣（1899—1935），安徽英山（今湖北）人。1923 年参加中国共产党。1925 年赴莫斯科东方大学学习。1926 年回国，参加北伐战争。1927 年参加上海工人第三次武装起义，参与南市区军事指挥。不久参加南昌起义，任南昌公安局长兼卫戍司令。1928 年任中共中央军事委员会委员，次年负责主持中央军事训练班。1932 年到赣东北革命根据地，先后担任红十军参谋处长等职。1934 年参加红军北上抗日先遣队，次年在江西怀玉山与国民党军的战斗中牺牲。

1926 年秋，北伐战争如火如荼。中国共产党积极配合国民革命军的北伐行动。正在莫斯科东方大学进修的彭干臣收到党组织的指示，提前回国参加北伐。

　　彭干臣回国后，被派到叶挺独立团工作。当时该团已占领长沙等地，正向粤汉路上的军事要隘汀泗桥进军。直系军阀部分主力已赶到武汉，准备死守汀泗桥，企图凭借汀泗桥要隘，求得暂时的喘息，一待援军赶到，再大举反攻。北伐军必须迅速夺取汀泗桥，才能彻底打破敌军死守待援、伺机反扑的如意算盘。但北伐军苦战一天，仍未取胜。面对十万火急的军情，彭干臣急中生智，大胆向上级提出建议，组织"共产党员敢死队"冲锋陷阵。他的建议立刻被接受。接下来的战斗中，彭干臣带领敢死队身先士卒。虽然在激战中他腰部负伤，但坚持不下火线。独立团最终拿下了汀泗桥，彭干臣也荣立战功。10 月 10 日，彭干臣跟随着北伐军顺利攻克了武昌城。叶挺独立团被扩编为国民革命军十四师，镇守武昌，叶挺为卫戍司令，彭干臣任卫戍司令部参谋长。

　　进攻武昌城的时候，彭干臣意外缴获了一枚指南针。这枚指南针造型精致，在阳光底下闪闪发亮。上级将这件特别的战利品赠予了彭干臣作为奖励。这一宝贵的艺术品，为戎马倥偬、九死一生的战斗生活平添了一份色彩；同时也是一件战斗的辅助工具，在硝烟弥漫、昏天黑地的战场上起到明辨方向的重要作用。彭干臣长期把它带在身边，每次看到它就想起了当年攻打武昌时的成就。

　　1931 年 5 月，彭干臣回上海工作，协助周恩来领导中央军委工作。当时，上海的党组织和革命力量遭到严重破坏，中央军委的活动异常困难。中央被迫决定让周恩来、彭干臣离沪赴革命根据地领导武装斗争。1932 年 2 月，彭干臣离沪赴赣东北苏区，妻子江鲜云则留在上海从事党组织秘密联络员工作。临行前，彭干臣把指南针留给妻子作为纪念，用来宽慰她的思念之情。江鲜云看到指南针时就像看到了久违的丈夫一样。

　　不幸的是，彭干臣在赣东北抗日时英勇牺牲，再也没能返回上海。妻子江鲜云始终小心翼翼地保存着这枚指南针，这件小小的战利品彰显着她丈夫战斗一生的光辉业绩。

（丁悠然）

革命道路上的白桦树

——彭干臣的"耐寒"名章

彭干臣的"耐寒"名章和印章盒（印章盒：3.4 cm×7.3 cm）

彭干臣的"耐寒"名章（名章：3.7 cm×1.3 cm×1.3 cm）

　　这枚名章是 1928 年初彭干臣在上海刻制的，象牙材质，印面呈正方形，上阳刻"彭耐寒印"。印章盒为铜制，盒内上盖内贴缎面，下表面贴呢绒皮面。盒内呢制框左放名章，右放红色印泥。

　　从 1927 年 4 月起，在不到一年的短暂时间内，中国共产党的革命事业屡遭重创，彭干臣的革命事业也陷入低谷。"四一二"反革命政变后，彭干臣受命返回武昌卫戍司令部工作。

1927 年 7 月 15 日，武汉国民政府主席汪精卫公开叛变革命，开始屠杀共产党人和革命群众，国共合作彻底破裂。党中央密令彭干臣潜赴南昌，协助周恩来筹划武装暴动事宜。在 8 月 1 日暴动成功的当天，彭干臣受任南昌公安局长，兼任南昌卫戍司令。8 月 5 日，彭干臣接到命令，加入南征行列。

9 月下旬，南征的起义部队到达赣南会昌时，遇到大批敌军阻击，打了几次硬仗，双方伤亡惨重。9 月下旬，南征主力攻克潮汕，又牺牲了不少人。以周恩来为首的前敌委员会曾决定，将海陆丰农民赤卫队改编成十五军，刘伯承当军长，彭干臣任第一师师长。但因 10 月初起义军主力失散，十五军没能正式成立。

南征部队战败后，主要干部均奉令疏散，前赴香港、上海相机行事。彭干臣几经周折，于 12 月左右到达上海。1928 年，中央委派彭干臣协助军委书记周恩来从事党的地下工作。

短短半年的时间内，中国革命屡遭挫折，此时正值彭干臣从事革命事业以来碰到的寒冬。在这最为困难的时节，彭干臣毫不气馁，反而自我激励，给自己取了一个别名叫"彭耐寒"，并刻制了一枚名章，上刻"彭耐寒印" 4 个字，作为进入社会谋生的身份凭证。此章取名寓意熬过隆冬的黑暗，迎接初春的晨曦。

这枚印章在彭干臣牺牲后一直由他的妻子江鲜云保存着。烈士虽然英年早逝，但他艰苦奋斗、顽强不屈的"耐寒"精神永久留存。他就像中国东北冰封大地上的白桦树，在严寒中傲然挺立。中国革命的道路上也正是根植着一株株无数"耐寒"的白桦树才得以延续下去，并越走越宽！

（丁恣然）

岁月易老情不老

—— 彭干臣的怀表

彭干臣在上海任中央军事委员时使用的怀表（口径 4.5 cm）

　　这块怀表是 1929 年彭干臣在上海任中央军事委员时，为周恩来主持三期军政干部训练班，因工作需要，由李次山赠送的。这是一块 "BARCLAY" 牌怀表，系瑞士出品的二占面细马怀表。铜制镀金，瓷白表面，短三针。

　　1927 年末的冬天特别冷，这时的上海笼罩在一片白色恐怖的阴影之下，党组织的活动不得不秘密地开展。彭干臣在南征失败后，几经周折于 1927 年 12 月左右到达上海，隐蔽在时任上海律师公会会长李次山律师家里。李次山早年参加过辛亥革命，曾任《新青年》杂志编辑。彭干臣早前在武昌工作时就听说李次山不仅是上海律师界的领袖，而且是一位真诚的民主革命者、热忱的爱国者，是共产党的忠实朋友。两人一见如故，迅即结成了牢不可破的革命战友。李次山的家也成了共产党的地下联络点。后由李次山做媒，把他教养多年的义女江鲜云嫁给了彭干臣。

1929年夏天，中共中央军委在上海举办军政干部训练班，由苏区、白区选送高级干部来此学习党的方针政策。训练班工作由周恩来主持，彭干臣负责日常行政工作。为了完成这一艰险而重大的任务，彭干臣租赁了犹太人哈同坐落在爱文义路（今北京西路）、麦特赫司脱路（今泰兴路）交叉处的一幢豪华的3层楼公寓作为训练班的教室兼卧房，在临街的铁门旁边挂出"武汉蜜蜂公司上海经理处"的金字招牌。此后，一辆辆漂亮的小包车从这幢公寓进进出出，一派繁忙景象。来这里找"黄大老板"洽谈蜜蜂生意的，不是训练班的学员，就是前来讲课的周恩来、李立三和项英等中共中央的干部。而那个气度不凡、派头十足的"黄大老板"就是彭干臣装扮的。彭干臣为便于进行活动，还常常把妻子江鲜云打扮起来带在身边。在大门外专向老板们兜揽生意的那些黄包车夫，则是彭干臣派在那里负责接送学员的秘密交通员。这个每期30多人，为期3个月的训练班，一共办了3期。曾经在这里学习过的学员有许光达、王首道、张爱萍、黄火青等。彭干臣夫妇自始至终负责训练班的食宿和安全等工作，在近一年的时间内，没有出过任何差错。在敌人的鼻子底下，举办这样的军政训练班，该要有多大的胆识、多周密的安排啊！因此，周恩来曾在众人面前戏称彭干臣为"出色的将才经理"。

在此工作期间，时间观念显得尤为重要。接送学员上下课的时间、休息时间、吃饭时间都得严格把控，出一点差错就可能导致不可挽回的后果。为此，江鲜云的义父李次山赠送给了彭干臣一块名贵的怀表，用来随时掌控时间。可以说，这块小小的怀表为训练班的顺利运作起到了举足轻重的作用。

彭干臣牺牲后，这块怀表长期被江鲜云精心保藏至今，走过革命年代，跨入和平时节。它寄托了对丈夫的思念之情，也寄托了对义父的感恩之情，更是寄托了对漫长岁月里，为革命活动东奔西走的怀念之情。怀表的指针不停地转动，青春易老，常驻的是因为共同信仰走到一起的年轻的灵魂！

（丁淼然）

朦胧夜色下的千里眼

——王青士的望远镜

1928 年王青士在阜阳暴动时使用的望远镜（9.3 cm×11.5 cm）

　　这架双筒望远镜是 1928 年王青士在阜阳暴动时使用的。望远镜为铜制，外镀金属层，可前后伸缩调节，大透镜外壳包有黑色皮革，调节旋钮为胶木，小透镜连接片上刻有 "ERRE" 符号字母以及数字 "8"。

　　王青士（1907—1931）原名王之馆，化名王青石、汪秋实，安徽霍邱人。早年在北京大学和俄文法政专门学校学习。在此期间接受了共产主义思想，开始从事革命活动。1927 年加入中国共产党。曾在未名社工作。1929 年起先后任中共北平市委委员兼共青团北京市委书记、中共山西特委书记、山东省委组织部长兼青岛市委书记。1931 年 1 月来沪，17 日在上海东方旅社被捕，2 月 7 日牺牲于龙华。

　　1927 年年底，在同乡的介绍下，王青士正式加入中国共产党，实现了多年来的心愿。1928 年 4 月 8 日，为了执行中共中央八七会议确定的武装反抗国民党反动派的总方针，中共皖北特委在阜阳举行了暴动。由于敌众我寡，经过三天三夜苦斗，暴动最终失败。

　　阜阳暴动失败后，霍邱县委成立特小组，仍然坚持执行特委的决议，于是选在

7月27日，也就是新任县长就职的那一天夜里，举行响应暴动的示威，使敌人看到共产党是杀不完、吓不倒的！当天晚上，趁着朦胧夜色，王青士挎着装满传单、标语和糨糊的背包，脖子上套着双筒望远镜，悄悄赶到他受命负责的区域——城关和新店埠一带开展活动。他时而混于人群之间，将传单悄悄地塞入他们的包里、怀中；时而机警地将标语贴在引人注目的墙上、电线杆上。他还时不时地举起望远镜，迅速向远处观察是否有敌人的军警和特务靠近，确保自身安全后才放心地向下一个地点移动，而一旦发现有危险来临，随时准备躲避或撤离。第二天拂晓，霍邱境内纵横200多里的县城、集镇、乡村、交通要道随处可见"打倒帝国主义""打倒新军阀蒋介石""打倒贪官污吏、土豪劣绅""苏维埃政权万岁""中国共产党万岁"等醒目的标语传单。王青士负责的城里到处是传单标语。这一行动轰动了整个霍邱，敌人惊恐万状，立刻出动大批军警、民团，进行大搜捕，这就是有名的"霍邱文字暴动"。

很快，敌人从油印传单上找到了破绽。因为当时全县只有高等小学有一部油印机，而高等小学的校长经常往来于王青士开设的开明书店，所以县警备队首先袭击了这两个目标。县委考虑到这些人已经暴露，决定他们立即转移。王青士由润河集乘小船到正阳关，绕道蚌埠来到上海。

这一去，王青士再也没能踏回故乡，参加霍邱文字暴动时留下的望远镜由其妻裴荫青保存。1984年裴荫青病故，交由女儿王绿野保存，1992年王绿野病故，便一直由丈夫张志远保存。如今，这架望远镜静静地躺在龙华烈士纪念馆，它曾经为王青士烈士生前的革命活动保驾护航，如今依然注视着前方，执着地守卫着在天国安息的主人。

（丁惢然）

公开的呐喊

——《摩登青年》创刊号

《摩登青年》创刊号（20.8 cm×15 cm）

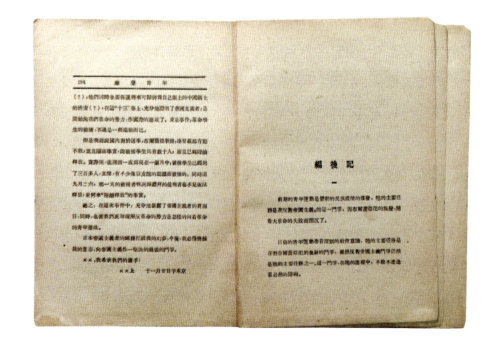

《摩登青年》（内页）

英 雄 壮 歌

龙华烈士纪念馆

馆藏精品文物集萃

《摩登青年》是在中国共产党和共青团直接领导下团结广大青年的半公开的革命团体——青年反帝大同盟的刊物，由摩登青年社编辑出版，每月一期。《摩登青年》创刊于1929年12月15日，32开本。编辑人之一是著名青年诗人殷夫，主要撰稿人有邝光沫、祝秀侠、丘旭、殷夫、白莽、邱韵铎、杨邨人、菀尔和郭任华等。

　　《摩登青年》创刊号共收录文章11篇。其中，《中国社会之分析及中国革命目前阶级性——对于拉狄克陶希圣之分析的批评》正确分析了中国社会现状；《论非战小说并及"西线无战事"》以唯物的眼光明确了人类社会今后的战争观；《军国主义批判》一文全面揭露了军国主义的真相；《苏联童子团的生活与活动》展现了赤色青年是如何为全世界的解放斗争而做准备，文字生动形象，引人深思。除此之外，杂志中还刊登了若干张反映当时少年先锋队生活学习场景及托儿所情况的照片。

　　在《摩登青年》创刊号中，其《编后记》指出：

　　前期的青年运动是蓬勃的民族感情的爆发，它的主要任务是在反对帝国主义。但这一斗争，因布尔乔亚氾的叛变，随着大革命的失败而消况了。

　　目前的青年运动带着深刻的社会意识，它的主要任务是对布尔乔亚氾的血淋的斗争，虽然反对帝国主义斗争仍然是它的主要任务之一。这一斗争，在它的进程中，不能不遭逢着必然的障碍。

　　……

　　末了，我们声明，本刊是青年的公开喉舌，我们竭诚地欢迎读者的批评和投稿——无论是赞成或反对的。

　　《摩登青年》一经刊出，便成为进步青年探求真理、揭露帝国主义丑恶行径、赞美民族气节、反映民间疾苦的重要平台。他们以《摩登青年》为喉舌，呐喊出关心国家民族的前途和命运、为民族的解放不惜牺牲生命的决心。该刊也是研究二十世纪二三十年代"左翼"文艺运动时期的作品和革命家思想及作品的第一手资料。

（潘　晨）

革命志士不凡的个人名片

——沈千祥的名片

20世纪20年代沈千祥使用的名片
（白底名片：9.5 cm×6 cm，红底名片：9 cm×5.3 cm）

这套沈千祥的名片数量为两张，红底、白底各一张，红底名片黑墨竖写"沈千祥 书云江苏南汇"字样。白底名片黑墨竖写"沈千祥书云"。名片是社交中自我介绍的重要媒介，对沈千祥开展各种社会活动功不可没。

沈千祥（1899—1931），江苏南汇（今上海）人。1928年加入中国共产党，同年回泥城开展革命活动。1929年任中共泥城区委书记、南汇县委宣传部长。1930年8月参与领导泥城暴动。后任中共淞浦特委巡视员、中共松江县委书记。同年被捕，次年于镇江就义。

1919年五四运动使新文化、新思想在全国范围广泛传播，大批的热血青年纷纷投身救国救民的革命事业中来，从师范讲习所毕业的沈千祥也是其中之一。1921年，毕业后的沈千祥回到家乡从事小学教育工作，立志改造家乡、改造整个黑暗社会，但是他的屡屡尝试都因遭到反动黑暗势力破坏而告终。然而沈千祥并没有放弃，并且始终积极探索，寻求救国救民的真理。1925年，"五卅反帝运动"为沈千祥指明了一条更加广阔的道路，他考入上海国民大学。在校期间，他不仅在校内发起组织"戒烟会"，还利用假日回乡继续改造家乡的工作，并取得了多次斗争的胜利。

北伐的洪流使沈千祥开始信仰三民主义，积极投身革命，并加入中国国民党。但1927年蒋介石发动"四一二"反革命政变后，他愤然退出国民党。1928年，加入中国共产党的他奉命回到家乡，以泥城小学校长职业为掩护，从事革命活动。如今留存的这两张名片就是沈千祥在这一时期从事革命活动时使用的。1930年8月9日，在中共江苏省委领导下，沈千祥带领成千农民举行泥城武装暴动。暴动失败后不久被逮捕，于1931年2月在江苏镇江英勇就义。

沈千祥牺牲后，他的遗物先由其妻保存，后转交女儿沈佩芳，虽屡次搬家，但一直被妥善收藏。2002年年初，为征集工作的需要，龙华烈士纪念馆先后给近百位烈士家属发出信函。沈千祥的女儿沈佩芳在收到信函后，将其父使用过的名片捐赠。

（于海燕）

刺向黑暗的真理之光

——沈千祥起草的《戒吸卷烟会会章》

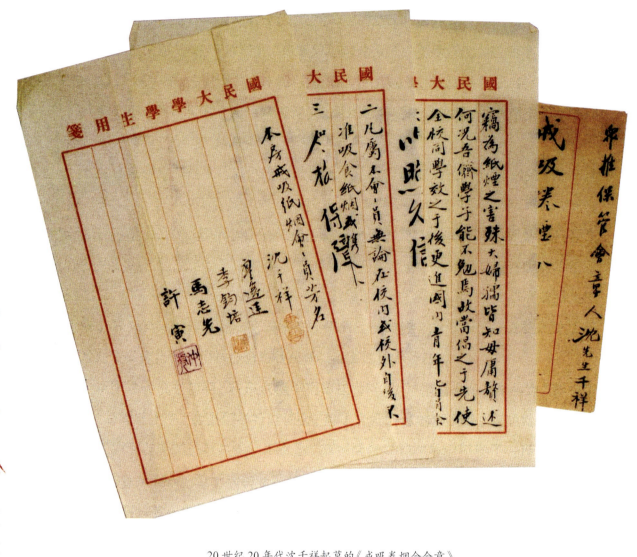

20 世纪 20 年代沈千祥起草的《戒吸卷烟会会章》
（附属信封 19 cm × 9.7 cm，信纸 27.8 cm × 17.8 cm）

这份《戒吸卷烟会会章》是 20 世纪 20 年代沈千祥在上海国民大学就读期间起草的。除了附属信封外，全文用毛笔写在"国民大学学生用笺"毛边纸上，共 3 页。第 1、第 2 页的主要内容是《戒吸纸烟会会章条例》，两页的中缝处写着"以照久信" 4 个字。第 3 页的内容是各会员签名，在"沈千祥　李钧培　许寅"签名的下方有其各自图章。第 2、第 3 页中缝处写着"人格保障" 4 个字。

1921年，沈千祥从江苏省第二师范在浦东设立的讲习科毕业，回到家乡南汇从事小学教育工作。在五四运动思想的影响下，沈千祥满怀热情，立志要为家乡干一番事业。面对黑暗的现实社会，他并不气馁，决心从改造家乡开始着手，进而改造整个社会。他们首先从改造教育开始，联名写信到县里，揭发泥城小学校长的腐败事实，迫使县督学将校长调离。之后，又与同乡的进步青年一起，开展"分乡自治"活动，推举地方开明绅士为首领，联名提请县议会讨论分乡问题，企图以组织"好人政府"作为改善地方政治的起点。由于反动势力的阻挠破坏，沈千祥和一批志同道合的热血青年的诸多努力都没有成功，但他并没有因此放弃对改造黑暗社会的努力尝试。

　　1925年，上海爆发"五卅反帝运动"，为沈千祥指引了一条寻求真理之路。他决心走出偏僻家乡，去更广阔的天地探求救国救民的真理。当年下半年他考入了上海国民大学。在这里，他广泛阅读《新青年》等进步书刊，与同学一道发起组织"戒烟会"。沈千祥亲手起草了这份《戒吸卷烟会会章》。在会章条例中，他号召青年应当戒掉吸烟，强健体魄，献身国家民族。此次戒烟活动引人向上，激发青年爱国热情，在青年群体中产生了广泛影响。推行戒烟活动也使这个质朴的农村青年成为全校瞩目的人物。

　　1931年沈千祥牺牲后，他的遗物先由其妻保存，后转交给女儿沈佩芳。虽经历屡次搬家，但沈佩芳一直妥善保存父亲的遗物。2002年年初，为征集烈士遗物的工作需要，龙华烈士纪念馆先后给近百位烈士家属发出征集信函。沈佩芳在收到信函后，于6月25日将父亲起草的《戒吸卷烟会会章》捐赠。

（于海燕）

斗士也需要能量！

——林育南的洋风炉

林育南在武汉进行革命活动时使用的洋风炉（20 cm×18 cm）

这是 20 世纪 20 年代林育南在武汉工作时使用过的洋风炉。洋风炉通体为蓝色搪瓷釉。炉子分为三部分：底座、网状通风部分、挡风罩。底座与网状通风部分有一炉芯调节杆、调节头。炉芯为一根扁平式。

林育南（1898—1931），湖北黄冈人。1921 年加入中国共产党。1922 年任中国劳动组合书记部武汉分部主任。1923 年参与组织京汉铁路罢工。历任全国总工会上海办事处秘书长、全国总工会执委会委员等职。1928 年任中共上海沪东区委书记。1929 年在上海主持召开全国第五次劳动大会。1930 年任全国苏维埃中央准备委员会秘书长。中共第五届中央候补委员。1931 年 1 月 17 日在东方旅社被捕，2 月 7 日牺牲于龙华。

1921 年，中国共产党第一次全国代表大会不久，成立了一个公开领导职工运动的总机关——中国劳动组合书记部，并在武汉和北京、长沙等地设立了分部。林育南满怀战斗豪情，立即参加武汉分部的组织领导工作，积极从事工人运动。林育南成功领导了粤汉铁路工人的罢工。初战告捷的喜悦鼓舞着他马不停蹄地投入汉口人力车工人的斗争中去。

汉口人力车工人是武汉人数多而且比较集中的行业工人，受帝国主义者、资本家和封建把头的重重剥削，生活极其悲惨。1921 年 11 月底，汉口租界人力车行老板又一次宣布加租，每日每乘车由原来的 800 文增加到 1000 文，遭到了工人们的强烈反对。

党组织派林育南参与领导了这次罢工。他深入汉口租界，召开人力车夫代表的秘密会议，制订罢工计划，组织汉口租界人力车夫工会，团结广大工人进行反抗加租的斗争。林育南和施洋指导与帮助车夫工会起草《罢工宣言》和《告各界父老兄弟姐妹书》，并向车行老板提出：车夫会成立，不得干涉；取消加租议案；原租价减为 600 文等 3 项要求。1921 年 12 月 1 日，汉口租界六七千人力车工人爆发了大罢工。林育南早起晚睡，废寝忘食，起草传单，声讨车行主盘剥车夫的罪行。这时候林育南工作额外繁忙，三餐经常不能按时，每晚到家已经深更半夜，没有地方可以买饭吃，只能用搪瓷洋风炉点燃煤油，在上面架起一只小锅，拿出之前储藏的面条等食物放锅里面煮熟，将就着填饱肚子，然后匆匆入睡。第二天一早，天边刚泛起鱼肚白时，林育南便要迎着朝霞出门，投入新一天的战斗中去。

12 月 7 日，在林育南的领导下，车夫工人们发起了声势浩大的游行示威活动。法国帝国主义者和武汉反动当局慑于人力车工人和社会舆论的强大压力，急忙授意武汉商会出面调解。经过谈判，车行老板被迫答应了工人提出的条件；随后法国领事向中国官厅道歉，允许车夫工会成立，车租暂行不加，免租钱 3 日。罢工获得了胜利。

1931 年，林育南牺牲后，这台洋风炉由其妻保存。1991 年由其女婿魏清澄捐赠给上海市龙华烈士陵园筹建办。在当年的罢工运动背后，这台洋风炉也功不可没。人是铁饭是钢，革命斗争也需要能量！它是先驱为革命工作不辞辛劳、日夜奋斗的最好的陪伴者和见证者！

（丁愆然）

冷若冰，稳如山，强似铁

——林育南致陆若冰的明信片和信

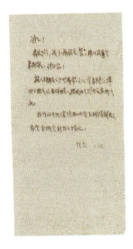

林育南写致陆若冰的明信片和信
（上排从右至左：8.5 cm×14 cm，12.7 cm×7.5 cm，17 cm×9.5 cm，21 cm×13.5 cm，
下排从右至左：21 cm×13.5 cm，21.5 cm×15.5 cm，17 cm×9.5 cm，17 cm×9.5 cm）

这些明信片和信共 8 件，是林育南被捕前夕写给好友陆若冰的，时间跨度从 1930 年 11 月 24 日到 1931 年 1 月 15 日。

1930 年 12 月，中共中央准备召开全国苏维埃代表大会，林育南前往中央苏区，准备参加这次会议。他原计划取道杭州，拟经衢州和赣东北苏区，进入中央苏区。谁料天公不作美，途径杭州时，钱塘江上大雾弥漫，船无法开动，被迫回旅店耐心等待。直到 15 日那天，大雾仍未消散，林育南心情不由得焦躁起来，不由自主地想到了久未联系的至交强若冰，便提笔给她写了一封长达 6 页的信一吐愁肠：

若冰我妹！你觉得奇怪吧，如何久无音信呢？我自己也觉奇怪，我今天处在此地，而且能忍耐到今天才写信给你，真是"出外由外"，那能由得自己呢？这些时的生活，真是难写。因为校务改革的奋斗用尽了我一切的力量，才得到了相当的成效，同时因为交通的困难，所以迟之又迟仍然还留在这湖山的胜地。

信的开头既解释了久不联系的原因，也直接表达了心情焦虑的由来。"校务改革"一词是个暗语，反映了林育南参加反对王明和李立三"左"倾路线的斗争。林育南是主导斗争的领袖之一。

此后我更当造成"山"一般的稳定，"铁"一样的顽强！好了，就以这自励，以后就叫我做"铁峦"吧！铁峦呵！好自为之！

林育南用山和铁作为比喻，发出了自我激励的最强音！

事实上，一封信意犹未尽，不久林育南又接连发出了几封明信片和信。

1931年初，因情况有变，林育南返回了上海。1931年1月17日，林育南在东方旅社因叛徒告密被捕。23日，敌人将他引渡移解至龙华警备司令部看守所。前后被拘禁了20天，敌人就迫不及待地下了毒手，包括林育南在内的24名优秀共产党人慷慨就义，为党献身。

林育南牺牲后，陆若冰保存着这些信件，辗转四方，后于1978年和2003年分两次把这些信捐赠。这些信是年轻的领导干部坚守初心的亲笔留证！

（丁淼然）

残酷斗争下的温情

——肖保璜致陆若冰的信

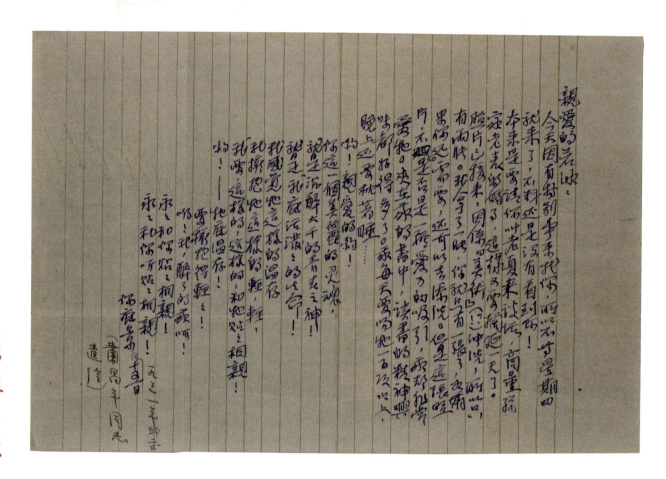

1931 年肖保璜致陆若冰的信（16.2 cm×24.3 cm）

这封信是 1931 年肖保璜在上海写给妻子陆若冰的。信以蓝色墨水书写，结尾注有黑色钢笔字，"一九三一年约二、三月萧昌年同志遗信"，系陆若冰所写，萧昌年即肖保璜。

肖保璜（1904—1931），江西萍乡人。1926 年参加中国共产党，任中共萍乡特支委员、国民党萍乡县县党部常委等职，主编《萍乡工农》，领导农民运动。1927 年参加南昌起义。1928 年任上海总工会秘书，后任《白话报》编辑。1931 年任《红旗日报》主编。同年 7 月在上海被捕，不久于龙华就义。

1929 年初，肖保璜调到江苏省委工作，负责编辑省委机关报《白话报》，后改名《上海报》。这份报纸是指导上海工人运动的宣传利器，被工人群众称赞为"社会的明灯""工人的出路""无产阶级的喉舌"。由于影响力巨大,《上海报》引起了国民党当局的注意,很快就遭到查禁,不得不转入地下秘密发行。当时,报社的工作人员很少,组稿、收件、编辑、排版、送印、看样等具体事情肖保璜都干,每天都要忙到深夜。

为了便于开展工作,党组织安排了一位叫陆若冰的女同志,与肖保璜结成假夫妻,掩护并协助他工作。陆若冰除了在生活上照顾肖保璜之外,还帮助他收集资料、誊抄文字、代送稿件。艰苦条件下共同的革命战斗生活,令他们彼此之间产生了真挚的感情。不久,经组织批准,他们结为真正的伉俪。

当时上海是白区斗争的最前线,被国民党当局严密监控,革命环境不容乐观,中共地下组织的活动经费极其有限。在如此艰苦的条件下,肖保璜夫妇要维持日常生活都不容易,有时甚至窘迫到买米钱都没有。但他们从不向组织提任何要求,而是互相勉励、帮助和关心,无条件为党的事业工作。1930年春,陆若冰病重住院,肖保璜为了不给组织添麻烦,利用工作之余翻译外国小说,赚点稿费补贴家用。

1930年8月,中共中央决定将《上海报》和《红旗》合并为《红旗日报》,作为中共中央的机关报,肖保璜为编辑。1931年2月,李求实因东方旅社事件被捕,牺牲于龙华。肖保璜升任为《红旗日报》主编。此外,他还经常为《群众日报》《每日实报》写社论,为《实话报》翻译国际共产主义运动文献。

随着工作任务越来越繁重,有时肖保璜和陆若冰也会分开,但革命青年的心始终向着他的妻子,这封信正是两人分开时的通信。

从信中可知,陆若冰托肖保璜取她的照片,丈夫兴冲冲地把相馆打印好的照片亲自送到妻子处,但不巧没遇见她,失望之余便留下照片和一封信。

亲爱的若冰：今天因有特别事来找你，所以不等星期四就来了，不料还是没有看到你！

　　本来是要请你叫老夏来谈话，商量孙家老表的婚事，这样又要搁延一天了。照片已接来，因系"美术"（！？）冲洗，所以只有两张。我拿了一张，你就只有一张了，如果你还需要，还可以去添洗。但是这张照片，不知是否是一种爱力的吸引，萧却非常爱它。夹在萧的书中，读书的精神兴味都好得多了。萧每天要吻它一百次以上，晚上还要枕着睡……

　　哟！亲爱的哟！

　　你这一个美丽的灵魂，

　　就是沉醉大千的青春之神！

　　就是我底活泼泼的生命！

　　我感觉它这样的温存

　　我拥抱它这样的轻，轻，

　　我要，这样的，这样的，和它贴贴相亲！

　　哟！——它底温存！

　　要拥抱得轻轻！

　　哟！我，醉了的萧呵！

　　永永和你贴贴相亲！

　　永永和你呀贴贴相亲！

　　你底景　十五日

　　遗憾的是，这对眷侣没能携手走到最后。当年7月，肖保璜被国民党逮捕，8

月牺牲于龙华。

2001 年，陆若冰将珍藏 70 年之久的信件捐赠给龙华烈士纪念馆。

（丁淼然）

旧照片里的亲情

——龙大道全家照

龙大道全家照（全页）（10.2 cm×14.8 cm）

龙大道全家照

　　这件照片是 1930 年 4 月 18 日，龙大道在上海与父亲、妻子共同拍摄的。照片质地为纸质，右开本。内页右侧为照片，左侧用毛笔从左至右书写有"一九三〇年四月十八日　纪念品　庄书于沪上"。

龙大道（1901—1931），原名康庄，贵州锦屏人，侗族。1923 年在上海大学就读期间加入中国共产党，为纪念自己从此走上通向共产主义的光明大道，改名为大道。1924 年赴莫斯科留学。回国后历任中共上海曹家渡部委书记、上海总工会主席团成员、中共汉口第三区区委书记、浙江省委代理书记等职。1931 年 1 月 17 日在上海中山旅社被捕，2 月 7 日牺牲于龙华。

1927 年 12 月，龙大道参与组建汉阳县委，并开始筹划年关暴动，领导汉阳地区工人斗争。其间，汉阳工人兄弟被龙大道忘我工作的精神感染，将其中一件在革命斗争中缴获的战利品——皮袍送给了龙大道。龙大道几次推却不下，只得收下。几天后，他亲自买了一件棉布长袍作为回礼送给了工人兄弟。

1930 年 1 月，龙大道经党组织指派任上海总工会秘书长兼上海市各界人民自由运动大同盟主席党团书记，领导上海工人阶级的斗争。同年，他的父亲从贵州老家前往浙江镇海看望孙子孙女，途经上海时，龙大道将之前工人兄弟送给他的皮袍转赠给了父亲。4 月 18 日，龙大道带着妻子陪着穿着皮袍的父亲去拍了一张全家照。为了纪念工人兄弟的深情和父亲来沪的经历，龙大道在照片旁边工工整整地写了"纪念品"3 个字。此后，这张照片一直由龙大道的父亲珍藏于贵州老家。

1931 年 2 月龙大道牺牲后，因种种原因，龙大道的妻小与远在贵州的龙大道父母失去了联系。1958 年，龙大道的母亲拿着这张照片来镇海认亲。不久，龙大道的妻子凭着照片确认了老人的身份。老人在镇海住了 3 个月后准备返回贵州，回程前，在龙大道女儿龙英尔的要求下，将这张照片留给了龙英尔和其哥哥以作留念。这张照片也成为龙大道烈士留存在世的唯一一张照片。

（沈申甫）

坚定信仰的象征

—— 龙华革命烈士就义地出土的群镣

龙华革命烈士就义地出土的群镣（总长 306 cm）

　　这是一副曾经在国民党淞沪警备司令部军法处监狱中使用的镣铐，铁质，其间横挂数根不规则短链，部分有断裂。1981 年春，中国人民解放军 7315 工厂在厂区（原龙华国民党淞沪警备司令部旧址和"龙华二十四烈士"就义地）附近挖土方时，发现了这副群镣。出土时，它已锈迹斑斑，却明白地向人们讲述着中国共产党史上一段悲壮的往事。

　　据一些老同志回忆，在被关押进龙华监狱时，首先会在监狱入口的大青石处钉上脚镣。最重的脚镣有 18 斤，钉上之后行动困难，只能半步半步地挪动，因此被称为"半步镣"。据不完全统计，在 1927 年到 1937 年之间，曾有数以万计的革命者被关押在龙华监狱，其中有一些中国共产党的重要干部就在监狱后的刑场就义，最为残酷的当属一次集体屠杀——1931 年 2 月 7 日深夜，20 多名中国共产党党员被集体枪杀，他们就是"龙华二十四烈士"。

1931 年 1 月,由于叛徒的告密,党的 10 多个秘密联络点被上海租界巡捕房破坏,党的干部、"左联"作家、革命群众计有 30 多人被捕。作为"重犯"被移解龙华看守所,其中有 24 位同志最终遭到枪杀,他们是:中华苏维埃第一次全国代表大会准备会秘书长林育南,中共江苏省委候补委员、原中共沪中区委书记何孟雄,中国左翼作家联盟作家李求实、柔石、胡也频、殷夫、冯铿,共青团江苏省委委员欧阳立安,上海市工会联合会秘书长龙大道,中华苏维埃第一次全国代表大会准备会秘书彭砚耕,中共山东省委组织部长王青士,中共南京市委书记恽雨棠,党的机要工作人员李文,中共上海沪中区委书记蔡博真,共青团闸北区委书记伍仲文,中共青岛市委负责人罗石冰,上海市工会联合会秘书段楠,上海市工会联合会沪东办事处主任费达夫,红军第十四军干部汤仕佺、汤士伦,华德小学教师刘争、贺治平,以及李云卿和一位无法查清姓名的烈士。

面对死亡,面对诋毁,他们坚守信念,表现出惊人的毅力。李求实拖着沉重的脚镣,为狱中难友开办识字班,宣传革命真理。胡也频知道自己无免于死,就向难友们建议,把口袋里的钱集中一下,找个理发匠来理一理发,"就义后,给反动派拍起照来也显得威武一点"。他和柔石怀着强烈的文学创作欲望,在牢内悄悄收集烈士和难友的斗争事迹,在昏暗的光线下,用铅笔头、碎纸片,仔细记录整理。柔石还向殷夫学习德文,向李求实学习俄文。他们的身体虽然遭到黑暗牢笼的囚禁,他们的精神却始终翱翔在自由的光明之地。

1931 年 2 月 7 日,再过 10 天就是中国农历新年——大年初一了。这天深夜,敌人从牢房中分两批把 24 人提出。他们脚下拖着沉重的镣铐,群镣碰撞的哀鸣,响彻寂静的寒夜。随着一阵疯狂的扫射,漆黑的刑场遍染理想与信念的殷红鲜血……

1950 年 4 月,上海市政府经过调查,最终确定了烈士就义地。昔日刑场附近出土的群镣,已爬满斑驳的锈迹,一如那段黑暗残破的历史,与之形成鲜明对比的,是革命者百折不回的英雄精神,在今天熠熠生辉!

(鲍晓琼)

"新生活"中的抗日救亡战士

——《新生》周刊

杜重远主编的《新生》周刊（24.3 cm×19.0 cm）

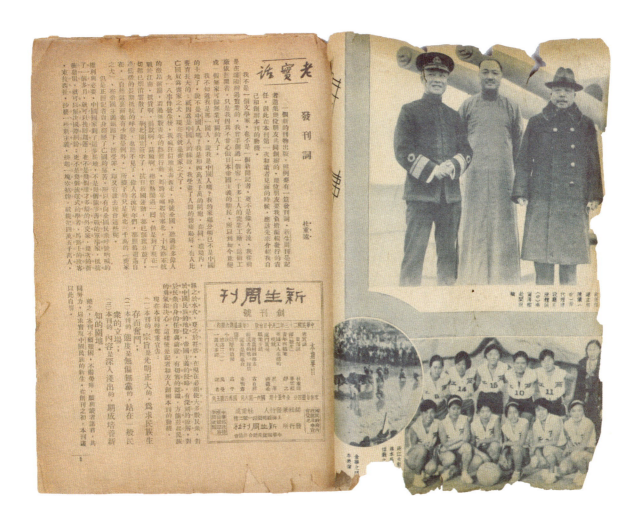

《新生》周刊（内页）

这本《新生》周刊是 20 世纪 30 年代前期在国民党统治区爱国救亡运动发展进程中产生过巨大社会影响的刊物。刊物系 16 开本，1934 年 2 月 10 日由杜重远在上海创刊，1935 年 6 月 22 日被迫停刊，前后存在了不到一年半的时间，一共出版发行了 2 卷 72 期。龙华烈士纪念馆现存有该刊 50 本，分别是第 1 卷第 1 至 23 期、25 至 27 期、29 至 43 期、45 期、47 期、49 期，第 2 卷第 1 期、7 期、8 期、14 期、16 期、17 期。

杜重远（1897—1943），吉林怀德人。早年留学日本，回国后在沈阳创办肇新窑业公司，以图实业救国。"九一八"事变后，在上海参加抗日救亡运动。1934 年主编《新生》周刊。1935 年因在《新生》周刊刊登反日文章《闲话皇帝》遭国民党当局逮捕判刑。1939 年 1 月受周恩来委托赴新疆开展工作，任新疆学院院长，继续宣传抗日。1943 年在新疆被秘密杀害。

"九一八"事变后，著名爱国窑业实业家杜重远义无反顾地投入"东北民众抗日救国会"，宣传抗日救国思想。在民族危亡面前，他毅然决然地保持高尚的抗敌气节。不久，他放下自己的实业，沿平津南下上海。在上海，他结识了邹韬奋等进步人士，并为邹韬奋主编的《生活》周刊撰写文章，积极宣传抗日，从而与邹韬奋结下了深厚的情谊。1933年12月，《生活》周刊遭国民党当局查禁，邹韬奋被迫流亡海外。为了教育人民不忘国耻，号召民族的新生，杜重远不畏强暴、挺身而出，以实业家的身份和自身的社会关系，克服各种困难，于1934年2月在上海创办了《新生》周刊，并自任主编。他在《发刊词》中写道：

中国国家到了这步田地，不是几个能争（征）善战的军事家，抵抗了一个多月，就可以挽回劫运；也不是几个雄才多辩的外交家，几次的折冲鼎俎，就可以解决国际纠纷；更不是几个流氓式的学者，马路上的政客，东拉西扯，抄袭一些新主义，挂起一块空招牌，就能把四（万）万五千万人，拯之于水火，登之于衽席……这样便是记者和友人创办本刊的动机。

《新生》周刊每逢星期六发行，每期20页左右，设有"老实话""专论""时事问题讲话""人物传记"等20多个栏目，图文并茂，封面配以彩色时事图片。在每期刊物卷首位置，杜重远都会亲自撰写一篇实论性的小短文作为固定栏目"老实话"的专栏，这些"老实话"的文章篇篇切中肯綮，感情真挚，被视作该刊物的"脊椎"，颇受各阶层读者欢迎和关注。自创刊问世，《新生》周刊销数随期数俱增，很快就突破了10万册，成为当时销量最大、影响最广的进步刊物之一，同时，也遭到了日本帝国主义和国民党反动政府的嫉恨与仇视。

正当杜重远主编的《新生》周刊日益深得人心时，1935年5月4日，《新生》周刊第2卷第15期刊登了一篇署名为易水（艾寒松）的杂文，题为《闲话皇帝》。文中泛论中外的君主制度，写得生动而风趣。但就是这样一篇非常普通的文章，日本帝国主义却蓄意借机挑起事端，指责其内容对天皇"大不敬"，并向国民党当局提出"严重抗议"，以及多种无理要求；国民党当局竟全部接受，强行下令取缔《新生》周刊，同时将刊物发行人、主编杜重远逮捕入狱，并判刑1年零2个月。

　　一时舆论哗然，国内外社会各界纷纷声援新生《周刊》社，人民群众自发成立了《新生》读书会，写信慰问杜重远、支持杜重远。"新生事件"的爆发使得《新生》周刊闻名，从而奠定了其在新闻史上的地位。"新生事件"所彰显出的民族精神与民族勇气促使新的抗日爱国运动高潮出现。

（苏莉敏）

"箱"伴一生的"战友"

——杜重远的皮箱

杜重远的皮箱（24.0 cm×38.0 cm×12.0 cm）

　　这只老式箱子为皮质，黑色，皮箱的正面有拉手，两边是匙孔，箱盖内有夹袋，为国家一级文物。1937年至1939年间，杜重远多次提着这只箱子往来于新疆与上海之间，进行革命工作，是他亲密的"战友"。

　　西安事变和平解决后，在中国共产党的倡导下，抗日民族统一战线最终形成。国内形势的发展，极大地鼓舞和激励着杜重远抗日救国的热忱。杜重远认为：必须真正唤醒全民族抗日的决心，才能动员全国军民投入抗日救国运动。而抗战的胜利还取决于中苏的联合。中苏要联合，新疆就是一个突破口：它不仅是中国人民抗战的大后方基地，又是当时唯一的国际援助交通要道。正是看到了中国共产党在新疆的重要作用和抗日的决心，看到了新疆的希望所在，杜重远满怀豪情地开始了他的新疆之行。

　　1937年至1938年间，杜重远多次远赴天山为抗日救国奔走呼号。每次他都会随身携带一只黑色皮箱，里面装满了他在新疆的各个时期所见所闻、亲身感受和搜集的丰富材料。利用这些素材，杜重远先后撰写了《到新疆去》《三度天山》两部长篇通讯来集中宣传新疆，收到了良好的社会效果。

1939 年 1 月，杜重远受周恩来委托赴新疆开展工作，并任新疆学院院长，决心为发展新疆文化作些贡献。新疆学院是当时全疆的最高学府。为了培养优秀抗日人才，他率先力行，长途跋涉往返于新疆与武汉、重庆、昆明、香港间，招兵买马，集结成一支名副其实的"文化大军"，受到新疆各族人民的热烈欢迎。而后他又亲自往返内地采购了一大批进步文化书刊和文化技术设备运往新疆，这只熟悉的黑色皮箱再次装满了新疆各机关、各团体、各学校争先恐后递交来的大批书单，跟随着他在重庆走遍了生活书店、新知书店、新华日报馆等各大书报馆，选择了新近出版的有关政治、经济、哲学、史学等各门类的好书。杜重远把采购的书籍汇集到一起，足足装满了 3 辆卡车，他自豪地称之为"文化列车"。这辆开往西部边陲的"文化列车"大大地鼓舞了新疆人民的抗战决心，对建设新疆、培养抗日人才起了积极的作用。

直到 1943 年杜重远在新疆被害牺牲后，这位"战友"才不得不退休。它见证了杜重远这位最热忱的爱国民主人士为中国革命、抗日救国历尽艰险、奔波劳累的一生。1994 年 12 月，杜重远之妻侯御之将这只珍藏已久的皮箱捐赠给上海市龙华烈士陵园筹建办，作为陈列馆展陈之用。

（苏莉敏）

赤心报国　舌辩群雄

—— 郭莽西的自题照片

1935年郭莽西的自题照片（22.3 cm × 15 cm）

　　这张照片是1935年郭莽西被选为厦门大学代表，参加在福州举办的"中国目前应采取何种政治制度"大型辩论会时的自题照片。照片中郭莽西身着戎装，头戴礼帽，戴圆框黑边眼镜。照片用卡纸裱装，前卡纸中部镂为椭圆形，周围是郭莽西自题小字，结束处有两枚印章，照片下边是照相馆"美的"的商标。照片上郭莽西自题：

　　本年初夏，奉派赴福州省党部参加"中国目前应采取何种政治制度"之辩论，临行时适逢天雨，故相邀留影，亦以戎装出面。并当时因欲包住领口，伸手难动，致成雕塑形像。前由照相馆送来三张，一张带回家去，此地尚存两张。因前日特地摄成之小照，反不若旧照容貌逼真，乃检出一张比较。重审之下，自己亦不觉发噱矣！莽西自识　十月二十日郭莽西（1910—1949），浙江东阳人。1946年参加中国农工民主党。上海大夏大学教授。任教期间经常向学生宣传进步思想，并支持和掩护进步青年奔赴解放区参加革命。1949年4月为联络铁路局警务处人员开展护路护站斗争遭国民党当局逮捕，5月20日就义于上海宋公园（今闸北公园）。

郭莽西秉性耿直，"做有骨气、有灵魂、重真理的人"是他对自己及学生恒定的要求。他在青少年时期走出闭塞的农村，迅速融入进步青年学生之中，开始学习进步思想及学说。他尤为敬仰孙中山、鲁迅、郭沫若等走在时代前沿的人，认真阅读他们的著作和文章，从中得到极其深刻的启蒙和影响。

1932年，郭莽西赴厦门大学中文系深造。由于郭莽西口才出众、思维敏捷、思想活跃，1935年被选为厦门大学的代表，参加了在福州举办的"中国目前应采取何种政治制度"大型辩论会。郭莽西慷慨激昂，积极宣传民主，反对独裁政治的主张，赢得与会者的共鸣。

郭莽西以真挚的爱国情怀，唤起民众，并鼓舞大众争取民族自强的信念。有一次，在东阳石洞书院的时事课上，当他讲到厦门沦陷时，禁不住潸然泪下。他爱国、爱校的情感深深感动了听课学子。在他的影响下，许多青年学生得到启蒙，毅然投入抗日和革命的洪流，为国奋斗，有的甚至捐躯沙场。

郭莽西的自题照片先由其妻叶迦予保管。叶迦予去世后，交由女儿郭天玲保存。1994年1月，郭天玲将这件珍贵的自题照片连同郭莽西的数件遗物一同捐赠给上海市龙华烈士陵园筹建办。

（马振宇）

春风化雨　授业报国

——郭莽西的笔记本和瓷器

郭莽西的笔记本（16 cm×10 cm）

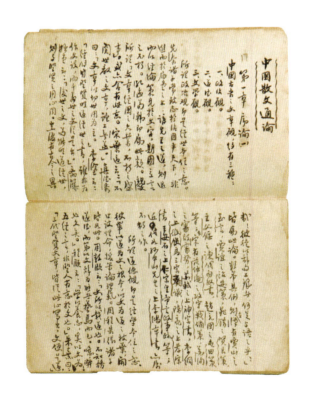

郭莽西的笔记本（内页）

学生赠予郭莽西的瓷器

（笔筒：4.7×13.7 cm；印盒：直径 7 cm；笔洗：直径 10 cm；
砚滴：口径 4.5、底径 3.1 cm、高 5 cm；调羹：通长 12.6 cm；碟：8.1 cm×5.7 cm）

　　这是 20 世纪 40 年代郭莽西的笔记本和瓷器。笔记本为黑色封面、封底。封面背面及第一页上有郭莽西作的《云月歌》及《遥夜书怀》两首诗，第二页上用钢笔写着补益之剂（四杏子汤）。其余内容是郭莽西《中国散文通论》授课笔记及体会。瓷器 1 套 6 件，包括笔筒、印盒、笔洗、砚滴、调羹、碟。

　　1932 年，郭莽西赴厦门大学中文系深造，致力于研究文艺。求学期间，他就开始文学创作，尤其喜爱小说一类的文学形式，并初露才华。由于在同学中出类拔萃，他被推举为厦门大学以师生为主组成的现代文艺社负责人。他还与后来成为著名女记者、女作家谢冰莹，以及教育家、学者谢文炳，诗人方玮德及游介眉，五人一起创办《灯塔》月刊。郭莽西兴致极高，积极为之奔走、撰稿，他的小说处女作《秋妹》就是在《灯塔》创刊号上发表的。

　　1936 年从厦门大学毕业后，郭莽西先后在浙江天台中学、处州中学、上海君毅中学、浙江大学龙泉分校等校任教。1940 年，由于蒋介石和国民党政府采取"攘外必先安内"政策，忙于内战反共，消极抗日，日本侵华不断扩张逼近。浙江杭嘉湖地区被日寇蚕食占领，迫使这一地区一些著名学校迁移到浙东丽水的碧湖镇。为方便教学，经各方协商，合并成立了浙江省临时联合中学。郭莽西也随之来到临中就职。

　　郭莽西主讲语文兼历史、地理课。他上课与众不同，每每开课，必结合时事政治和目前形势，借以充实授课内容，循循善诱，生动而真实地启发了学生的爱国情愫，读书勿忘救国。课堂上，他历数自鸦片战争以来，清政府腐败无能、割地赔款、丧权辱国等令国人痛心的事实，直至讲到震惊国内外的西安事变；揭露国民党反动派和蒋介石"攘外必先安内，安内必先剿共"的倒行逆施，同时痛斥日本帝国主义侵占我国大片国土，实施野蛮的烧杀抢"三光政策"罪恶行径。郭莽西打心底里赞扬中国共产党拯救民族危亡，主张全国团结一致，浴血奋战的壮举。

　　1948 年，郭莽西在上海大夏大学任教，开讲的是大学一年级必修基础课程《基本国文》。起初，听课学生不多。因为《基本国文》开课大多安排在下午 3 点，讲到 4 点半结束，这个时段离晚餐时间很近，加之学生一天课程下来，本已十分疲劳，所以很多人懒得再去听。然而，郭莽西开课后不几天，学生们却惊喜地发觉郭老师不同凡响，讲课有滋有味，别具一格，很好听。于是，授课效果像长了翅膀，在学生中很快传播开来。不长时间，该上课的都来了，还挤进一批旁听生，课堂里座无虚席。

　　这件笔记本便是郭莽西自己作的两首诗和《中国散文通论》的授课笔记。郭莽西在笔记本中写道："文而有意，有境，有章法，纵字句间稍有疵瑕，然不失文章之真""文之品质，不外智、情、意；文之效用，不外真、美、善"。并对其授课内容详尽做出笔记，如讲述"论"这一文学体裁的课程，郭莽西在笔记中详细写下"论者，伦也"，"有论政者，有说道德者，有原理气性命者，有释经者，有辨史者，有就己之遭遇而抒感想者，故文选中分为设论、史论、及论三品"等结合自身体悟的笔记。

　　郭莽西牺牲后，这本笔记本由其妻叶迦予保管。叶迦予去世后，交由其女儿郭天玲保存。1998 年 5 月，郭天玲将这本郭莽西为《中国散文通论》作的授课笔记及

英雄壮歌

龙华烈士纪念馆
馆藏精品文物集萃

体会捐赠予龙华烈士纪念馆进行珍藏、展陈。

因为郭莽西对唐诗宋词颇有研究，功底深厚，因而讲授往往引人入胜。他的讲解不仅仅就字解字，简单说一下某词某句的意思，单纯诠释一番。而是从历史背景，作者身世、所处环境、心态、感情、寓意、寄托、抱负入手，然后画龙点睛地指出作者为什么，又怎样遣词用句抒发情怀，表达心声的。他特别向学生强调，学习写诗填词，必须抓住意境。他每每举例，会讲出许多深奥的意蕴和独特的见解。

座无虚席的教室里，郭莽西站在讲台上，操着浓浓浙江乡音的"官话"，抑扬顿挫，激动时，还不断用手势比画渲染感情，时不时用食指推一下鼻梁上将要滑落的眼镜。听课的学生则屏息静气地聆听，几十双渴望的眼睛，随着他的身姿和手势转动，人们的思绪也随着他的思路和情感，起伏奔腾。

1948 年 5 月，当时在大夏大学法学院学习的两位学生，出于对郭莽西的爱戴和尊敬，专门在瓷都景德镇定制了一套瓷器赠予郭莽西。瓷器 1 套 6 件，包括笔筒、印盒、笔洗、砚滴、调羹、碟。

从这套瓷器之中，仿佛可以看到讲课时神情洋溢的郭莽西与如痴如醉学生间那隔绝不断的深厚情谊。1949 年 5 月郭莽西牺牲后，此瓷器存放在他位于上海市闸北区民德路同林里 32 号的家中。后来几经搬迁，直至 1963 年郭莽西妻子去世，瓷器由大女儿郭天玲保管。"文革"后，郭天玲将瓷器转交由在南京工作的大弟郭晓岑保管。2016 年 4 月，郭天玲、郭晓岑、郭小祥将此瓷器捐赠给龙华烈士纪念馆。

（马振宇）

"少年"维特的苦难与出路

——陆维特狱中创作的《流浪儿合奏曲》

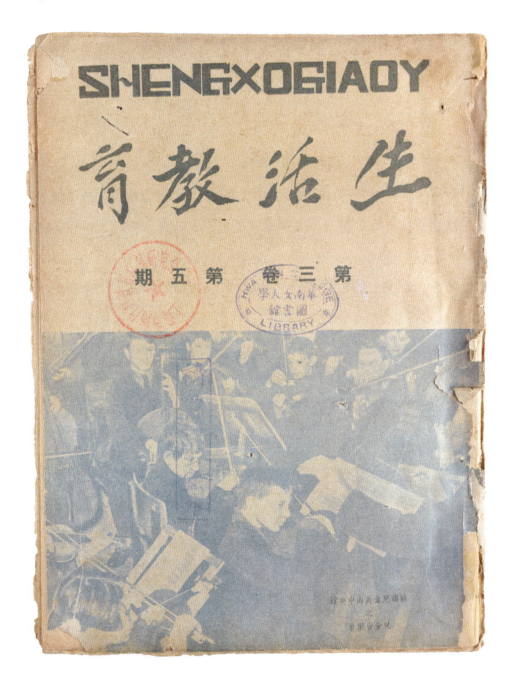

登载陆维特《流浪儿合奏曲》的《生活教育》杂志（24.5 cm × 18.4 cm）

陆维特的狱中作品《流浪儿合奏曲》

这是 1936 年 5 月 1 日出版的《生活教育》杂志第 3 卷第 5 期，其中登载有陆维特的狱中作品——《流浪儿合奏曲》。封面钤盖 3 枚印章，即"华南女大学图书馆"（蓝色椭圆形印章）、"上海市陶行知教育思想研究会"（红色圆形印章）、"请勿携出室外"（蓝色长方形印章）。封底另有两枚模糊的印章。页数从 163 页至 198 页。陆维特的《流浪儿合奏曲》登载在第 177 页至 181 页。

陆维特（1909—1991），原名赖成瑚，福建长汀人。1928 年考入南京晓庄师范。1929 年 9 月加入中国共产党。在革命斗争中曾两次被捕入狱。1937 年国共第二次合作时获释。出狱后在上海陶行知领导的生活教育社工作，编辑《战时教育》半月刊。1939 年到重庆陶行知创办的育才学校工作。1941 年"皖南事变"后，调新四军政治部工作，在苏北解放区任苏皖教育学院教育长、盐埠师范校长、华中建设大学代教务长等职务。1948 年赴苏联考察学习。1950 年回到福建，先后在福建人民革命大学、厦门大学、福建省科协担任党委书记、校长、主席职务。曾任第六届全国政协委员、第五届福建人大常委会委员、中国陶行知研究会副会长。

20 世纪 30 年代，陆维特在上海从事党的秘密工作，担任中共上海市委法南区支部书记、区委发行部长，组织并参与进步爱国学生运动，还参加了左翼剧联活动。这一时期，他曾两度被捕。第二次被捕是 1931 年 4 月，这一次他经历了长达 6 年严酷的囚徒生活。在上海龙华监狱，他机智沉着，坚持斗争，表现了共产党人的坚强意志与浩然正气。那时，他亲历了一场"爱国有罪"的运动，目睹了爱国志士所遭受的酷刑与屈辱，这些残暴屠杀的场景以及狱墙上的励志诗篇，都深深震撼了陆维特的心灵。在狱中，他追思、遥想，并深情地谱写了《流浪儿合奏曲》这首长诗：

一

阿大：我的爸爸帮人织布，我的妈妈帮人织布。

拼命出力气，像架活机器。

帮人家织幸福，帮自己织愁苦。

阿毛：我的爸爸帮人种地，我的妈妈帮人种地。

一年忙到头，好像两头牛。

帮人家种财富，帮自己种穷苦。

二

阿大：人家的儿子：

穿的是绫罗，住的是楼房，汽车马车上学堂。

阿三：我的爸爸拉包车，我的妈妈当娘姨。

一天累到晚，像个破畚箕。

帮人家出垃圾，帮自己忙得一肚气。

英雄壮歌

龙华烈士纪念馆

馆藏精品文物集萃

阿毛：人家的儿子：

　　　　吃的是大菜，玩的是跳舞，高兴的时候到外洋。

阿三：人家的儿子：

　　　　西装簇簇新，胸挺脸儿胖，十十足小洋奴。

三

阿大：织布的儿子有什么？

　　　　有的是愁苦；飞絮伤我肺，机器吃我肉，拿马温像只活老虎。

　　　　我小小的年纪啊！

　　　　已尝尽了作人的痛苦。

阿毛：种地的儿子有什么？

　　　　有的是穷苦；饥饿当饭吃，寒冷当衣服，牛栏狗窠旁边住。

　　　　我小小的年纪啊！

　　　　已作了爸爸的候补。

阿三：苦力的儿子有什么？

　　　　有的是闷气；爸爸挨人骂，拿我来出气，满身龌龊没人洗。

　　　　我小小的年纪啊！

　　　　已没有一个人来爱惜。

阿毛：家乡年年开内战，家乡年年闹灾荒，到底穷人遭灾殃。

　　　　可恨长江大水最无情，把我全家冲散没音信。

四

阿大：世界到处闹恐慌，只有一处不算上。

　　　　外国工厂合理化，本国工厂多打烊。

「少年」维特的苦难与出路——陆维特狱中创作的《流浪儿合奏曲》

失业把我全家活埋葬。

阿三：上海穷人十分多，可惜没有全合作。

爸爸生意被抢夺，只好靠我妈妈来过活，

把我全家弄得更难过。

五

阿三：从此我更挨冻，从此我和死结合，从此我更堕落！（？）

阿大：从此我更饥饿，从此我和死结合，从此我更堕落！（？）

阿毛：从此我更漂泊，从此我和死结合，从此我更堕落！（？）

阿大：我拜了一个干软扒的师父，他教我怎样怎样做。

只吃他的饭，东西要交窠。

稍一不听话，就要行家法，弄得我半死又半活。

阿毛：我认了一个干硬扒的爷叔，他教我怎样怎样做。

只吃他的饭，东西要交窠。

稍一不听话，小就一顿皮浪头，大就一场大生活。

阿三：我拜了一位开桃园的师父，他教我怎样怎样做。

只吃他的饭，东西要交窠。

就是出师日，年节和生日。送礼物也是不敢薄。

三人合唱：从此警察认识了我们，从此牢监也就成了家，

苦头吃得多，事情越明了。

要出头大家手拉手，除掉恶根子，涌出新自由。

那时大家种财富，那时大家种幸福，那时大家都服务。

这首诗当时被秘密传送到《生活教育》杂志，陶行知先生以"维特"署名发表。直到 1937 年第二次国共合作，陆维特才被提前释放。他出狱后改名为陆维特，以此纪念他的 6 年铁窗生活，也是对陶行知先生给予笔名的敬重。为了那段不能忘却的狱中斗争经历，他后来还特地撰写了一部报告文学——《三千六百日》。

1990 年陆维特在上海中山医院治病期间，上海市龙华烈士陵园筹建办工作人员前去探望，当时他谈及在狱中曾创作《流浪儿合奏曲》，并发表在《生活教育》杂志上之事。目前，龙华烈士纪念馆馆藏的这本《生活教育》是上海陶行知研究会的负责人吕长春的藏书，他于 1991 年 6 月将此书捐赠。

（于海燕）

狱中斗争

——陆维特等人在江苏第二模范监狱的合影

陆维特等人在江苏第二模范监狱的合影（22 cm×30 cm）

陆维特等人在江苏第二模范监狱的合影（背面）

这是 20 世纪 50 年代，曾被关押于龙华看守所的老同志陆维特（左 3）、张纪恩（右 1）等人在江苏第二模范监狱（即漕河泾监狱）的合影。

1927 年，在大革命浪潮的影响下，陆维特返回汀州（长汀）师范读书；1928 年考入陶行知创办的南京晓庄试验乡村师范（含大专和中专）文学艺术部。在晓庄师范，陆维特参加了晓庄剧社，曾到上海参与左联"大道剧社"演出。他在同学中积极宣传共产主义，发展党员，支持南京合记工厂工人罢工，同南京大中学校的学生共同反对日本 108 艘军舰进入南京下关江上的大示威。1929 年 9 月，他在晓庄师范加入中国共产党，从此开始了为共产主义事业奋斗终生的革命生涯。

1930 年初，因晓庄师范被当局封闭，陆维特转到上海参加党的地下活动及"左翼"剧联活动。他在上海从事学生运动和文艺界抗日救亡运动，同时开展进步文化运动，产生了广泛的社会影响。1930 年 5 月，因在杨树浦参加飞行集会，陆维特散发传单时被捕，在提篮桥监狱被关了 7 个月。出狱后，他在中共上海市委法南区任支部书记、区委发行部长等职。1931 年 4 月，因《红旗报》发行部被敌人破坏，接头地点被查抄，陆维特前去联系工作时不幸被捕，国民党当局以他破坏三民主义罪判刑，先后被关押于上海龙华监狱、江苏第二模范监狱，以及杭州和苏州的军人监狱。

6 年的狱中生涯，陆维特始终坚持斗争，坚持抗日救亡运动。他与其他党内同志一道，以多种方式同国民党展开激烈斗争。1933 年春夏之交，因顾顺章叛变，敌人到处抓捕共产党员，把监狱的政治犯都拍了照片让顾顺章指认。陆维特及其他共产党员与敌人斗智斗勇，故意在拍照时改变脸部形状，以至重照多次。针对反动派的残酷手段，他们提出反对迫害、要求开镣的斗争口号，迫使当局不得不将双镣改为单镣，重镣改为轻镣，取得了狱中斗争的胜利。陆维特还编写了《犯人之家》剧本，并男扮女装为战友们表演话剧，以此激励同志们的斗志。他写通讯，报道狱中的斗争，寻求外援，以便保证既得胜利果实，配合全国性的抗日救亡斗争。

这张拍摄于 20 世纪 50 年代的照片，一直由原中共中央机要主任张纪恩妥善保存。张纪恩于 2002 年捐赠给龙华烈士纪念馆。

（于海燕）

一份"浸润民众心田"的刊物

——《生活星期刊》

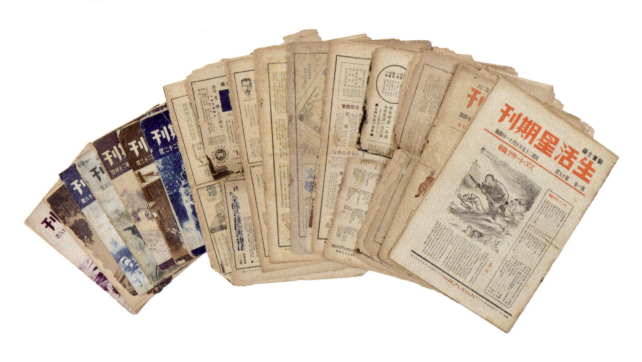

《生活星期刊》（26.0 cm × 18.7 cm）

《生活星期刊》（内页）

《生活星期刊》初名为《生活日报星期增刊》，是《生活日报》星期日的增刊，1936 年 6 月 7 日在香港创刊，编辑兼发行人为邹韬奋。《生活日报星期增刊》共出版了 28 期，期间经过了两度更名。《生活日报》停刊后，1936 年 8 月 2 日第 1 卷第 9 期起更名为《生活日报周刊》，继续在香港出版，共出版了 3 期；后由于在上海筹备《生活日报》失败，同年第 1 卷第 12 期起更名为《生活星期刊》，并迁往上海。刊物自创刊至第 1 卷 21 期为 8 开本，1936 年 11 月 1 日第 1 卷第 22 期起改出 16 开本。邹韬奋被捕后，由金仲华代理编务，出至第 1 卷第 28 期后遭国民党当局查封。龙华烈士纪念馆现存有该刊第 1 卷第 12 期至第 28 期，共 17 册。

　　邹韬奋（1895—1944），江西余江人。1926 年在上海主编《生活》周刊，"九一八"和"一·二八"期间，发表过大量抗日救国文章，坚决反对蒋介石不抵抗主义。1932 年 12 月参加中国民权保障同盟。1933 年 7 月赴苏、美等国进行社会调查。1935 年 8 月回国，参加中共领导的抗日救亡运动，在上海、香港等地主编《大众生活》周刊、《生活星期刊》，并任上海各界救国联合会和全国各界救国联合会的领导工作。1936 年 11 月与沈钧儒等 7 人被国民党政府逮捕，时称"七君子"事件，七七事变后获释，先后主编《抗战》《全民抗战》等刊物。1942 年曾赴广东、苏北等抗日根据地考察。1943 年回上海治病，提出入党要求。次年 7 月在上海逝世。根据他生前的申请，中共中央追认为中共正式党员。

　　邹韬奋最大心愿就是创办一份"浸润民众心田"的报纸：

　　我平生并无任何野心，我不想做资本家，不想做大官，更不想做报界大王。我只有一个理想，就是要创办一种为大众所爱读，为大众作喉舌的刊物。

早在 1932 年间，他就曾与朋友共同发起集资创办《生活日报》，登报公开募捐，很快募得 16 万元。但因遭到国民党的阻挠，邹韬奋不愿拿读者的热情作孤注一掷的冒险，于是《生活日报》宣布停办，并将集资款如数归还捐资人。国民党的步步紧逼并不能羁绊住邹韬奋"以笔为剑战而不屈"的决心。1936 年 6 月 7 日，在中华民族危亡最为急迫的关头，负有重大抗日救亡责任的《生活日报》在香港创刊了。《创刊词》中有一段非常符合邹韬奋"文字大众化"的论述：

我们中国老百姓，不管张三李四，不问何党何派，在行动上抗敌救国的便是全国民众的好友，在行动上降敌卖国的便是全国民众的仇敌。今日在事实上表现抗敌救国的是友；明日在事实上将敌卖国，就即时是敌。"敌乎友乎"，全以是否在行动上，或事实上抗敌救国为转移。

邹韬奋朴实易懂的文字向人们传输了一个最重要的信息：是真爱国还是假爱国，是真抗日还是假抗日，一定要用行动和事实来说话，这是检验真假的唯一标准。这段文字步入民众视野后便引起了强烈的革命性社会疗效，成为正面临亡国危险的每一个中国人的座右铭，令人警醒、催人奋进。

《生活日报》在香港共发行了 55 天。在这 55 天里，邹韬奋共发表了 55 篇社论，很多是直接通过正面典型事件在事实上给民众树立抗日救亡的榜样，从而在行动上给人以启迪和指引作用。榜样的力量是无穷的，《生活日报》日销量顿时攀升，高达两万份，开创了香港报纸发行量的最高纪录。但鉴于香港一隅之地，交通不便，信息闭塞，1936 年夏，邹韬奋将其移至上海出版，但因国民党政府种种干涉未

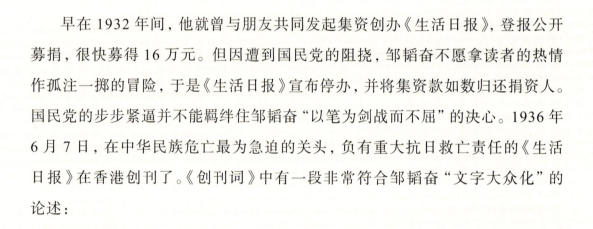

能复刊。不畏强权的邹韬奋将其更名为《生活星期刊》后复刊，继续在上海高举抗日救亡的大旗，为宣传抗日救亡呐喊助威。

（苏莉敏）

一份「浸润民众心田」的刊物——《生活星期刊》

以笔代剑　裹血力战

——《抗战》三日刊

英雄壮歌

龙华烈士纪念馆
馆藏精品文物集萃

《抗战》三日刊（26.0 cm×19.0 cm）

《抗战》三日刊

　　《抗战》三日刊于 1937 年 8 月 19 日在上海出版发行，由邹韬奋主编，是全面抗战爆发后创办的大批抗日救亡刊物中的佼佼者，在抗战中具有重要的作用。该刊系 16 开本，从第 7 号起，由于受上海租界当局的压制，曾被迫改名为《抵抗》，到第 29 号起，又恢复原名。至 1938 年 7 月 3 日，共出版了 86 号。随即与《全民》周刊合并为《全民抗战》三日刊。龙华烈士纪念馆现存有该刊共 26 号。

　　1937 年 8 月 13 日，日本帝国主义开始对上海发动疯狂进攻，遭到中国军队的顽强反击，就此第二次淞沪抗战爆发。在南京的邹韬奋立即返沪，经过 5 个昼夜的连续紧张筹备，8 月 19 日在上海肇嘉浜路 75 号，《抗战》三日刊第 1 号问世了。在第 1 号《编辑室》中，邹韬奋宣布：

　　在这民族抗战的紧急时期，本刊的任务，在一方面是要对直接间接和抗战有关的国内和国际形势，作系统的分析和报道，显现其重要意义和相互间的关系；在又一方面是要反映大众在抗战期间的迫切要求，并贡献我们观察讨论所得的结果，以供国人参考。

　　《抗战》三日刊每旬逢 3、6、9 日出版发行，第 1 号为每份 2 张，零售 1 分；第 2 号起改为每份 3 张，零售 2 分。除第 1 号为 8 页外，其余均为 12 页。出版周期介于日报与杂志之间，兼具新闻性与政治性。内容与形式在所有抗日救亡进步刊物中也是独树一帜，非常适合战时读者的需要。刊名印在封面正上方，手写体"抗战"两个大字庄严而富有战斗气息。刊头左边为本刊要目，简洁明了，让人印象深刻。设有栏目社论、社评、时评、杂感随笔、读者信箱、通讯、插画、诗歌语录、战局一览等栏目。其中社论、社评、时评等栏目因关系重大，一般由邹韬奋亲自撰写。在上海出版的前 29 号除第 1 号叫"社评"外，一律称"时评"；从在武汉出版的第 30 号开始，一律称"社论"。内容涉及抗日救国工作的方方面面，或分析国际形势，如第 1 号第一篇由邹韬奋撰写的社评《上海抗战的重要意义》，指出：

　　这抗战的最重要的意义，是在事实上表现中国的确能够抵抗侵略，它"更巩固了中华民族的自信力。这和民族解放的光明前途有着很密切的关系"。

　　拳拳爱国之心，充溢字里行间。另有"读者信箱"专栏，是刊物与读者直接沟通的重要渠道，随时和全国各地的读者保持着密切联系，全心全意地帮助读者解决他们所提出的各种问题，并号召广大读者群众共同办报，鼓励他们从不同的角度为《抗战》三日刊撰写通讯和各种性质的文稿。如第 75 号信箱栏目刊登了一位青年学生的来信："我是《抗战》三日刊一位热心读者，我每一次接到它都是紧张的愉快的一口气把它读完，同时我逐渐觉悟到这争取民族解放的大时代里，我决心献身国家，参加救亡的实际工作。"由此可见，正是刊物始终坚持与人民群众同呼吸、共命运，才获得了全国民众的深切青睐，不论在前方后方，都拥有大量忠实的读者。尤其是千千万万的青年人，更是把《抗战》三日刊当作不可缺少的精神食粮，称赞其为"良师益友"。

（苏莉敏）

仁心仁术　鞠躬尽瘁

—— 苏克己夫妇在诊所的工作照

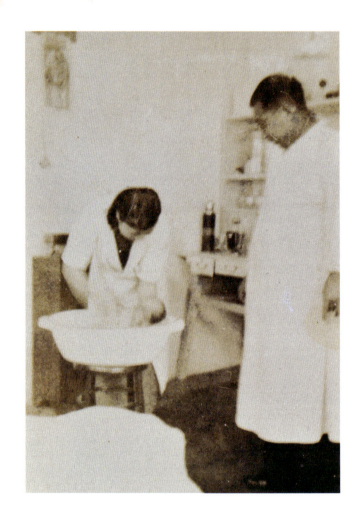

苏克己夫妇在诊所的工作照（8.6 cm×6 cm）

这是一张 20 世纪 30 年代的旧照片，照片里穿着白大褂、面带慈祥笑容站在一旁的便是苏克己，他的妻子朱宝琴（一名助产士）正在为一名刚出生不久的男婴洗澡。这是苏克己夫妇少有的在一起工作的照片。

苏克己（1901—1937），江苏武进人。南洋医科大学毕业，历任江西九江红十字会医院外科主任、上海江湾惠济医院外科主任、宝山红十字会医院院长兼医务主任等职，曾参加"一·二八"淞沪战役战地救护工作。1937 年"八一三"淞沪战役中，于宝山罗店前线救护伤员时牺牲。

苏克己出生在一个中医世家，他自幼受家庭的熏陶，有很高的文化素养，并精通传统经典的学问。后来，他辗转来到上海求学，攻读医学，立志治病救人。克己的名字出自《论语·颜渊》一章中的"克己复礼为仁"。他一直以这句话的标准，作为为人、行医的准则。苏克己不仅技术精湛，而且对病人极端负责，不分富户贫民，均用心诊治。他在泉州平民医院工作的时候，有群众专门送他匾额以褒扬其医德；后来在上海罗店医院时，许多危重病人，包括骨痨、肝脓疡等疑难杂症和历时10多年的老烂脚、机械轧脱头皮等工伤外科病患，都经他的治疗得到康复。

同事们平时不称他医生，也不叫他的名字，都叫他"苏"。苏为人忠厚，医术精湛，热心公益，助人为乐，为病家解除疾苦，在罗店群众中很有声望。他在惠生助产学校任教时不取报酬，但工作非常认真。1937年，苏克己和朱宝琴在上海江湾参加集体婚礼时，另一对不相识的新人没有马车，苏克己就主动招呼他们同坐自己雇的一辆马车。平时，遇到贫苦的病人经济困难，他常常解囊相助。

1937年"八一三"淞沪抗战爆发，苏克己毅然投入抗日救护工作，担任中国红十字会上海分会第一救护队副队长。日军进犯罗店地区，苏克己听闻有战士受伤，亲率队员赴救并护送出镇，遭日军残忍杀害。直到牺牲的前一刻，他仍然固执地想要感化日军，保全伤员，据理力争，也是直到最后一刻，他用生命践行了"仁"的道德标准。

苏克己牺牲时，朱宝琴正在上海市区的家中待产，得知消息后悲痛万分，在苏克己殉难后的第38天，产下一女，名叫苏洁。苏洁一直保存着父母的这张照片。在拍下那张照片的时刻，苏克己不曾想到，自己竟再也没有机会看到自己女儿的出生，也不能像照片中的那样注视着妻子为自己的孩子沐浴。

品格的鉴证

——费巩日记

费巩日记

[1938 年：7.5 cm×14.3 cm；1939 年：9.5 cm×15.4 cm（1—6 月）、12.5 cm×16.9 cm（7 月）、15.9×27.2 cm（7—12 月）；1940 年：12.7 cm×18.7 cm；1941 年：15.8 cm×27 cm（1—7 月）、12.8 cm×18.8 cm（7—12 月）；1942 年：12.8 cm×18.3 cm；1943 年：13 cm×19 cm；1944 年：12.8 cm×18.8 cm；1945 年：11.7 cm×18 cm]

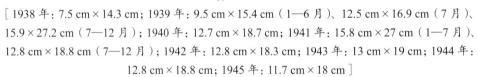

英雄壮歌

龙华烈士纪念馆

馆藏精品文物集萃

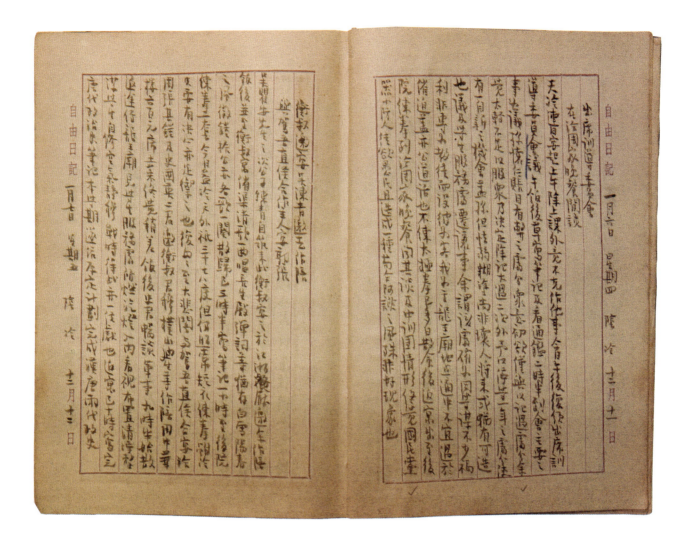

1944 年 1 月 6 日、1 月 7 日的费巩日记

    费巩日记共 16 本，起于 1938 年 1 月 1 日，止于 1945 年 3 月 4 日。封面分别为白、紫、银灰、深灰、藏青、咖啡 6 种颜色，另外 10 本为线装本。其中，1939 年 8 本，1941 年 2 本，1938 年、1940 年、1942 年、1943 年、1944 年及 1945 年各 1 本。

    费巩（1905—1945），原名福熊，江苏吴江人。1926 年 6 月毕业于复旦大学政治学系，"九一八"事变后改名费巩，任《北平日报》社评委员，1932 年回复旦大学任教，1933 年应浙江大学之聘，讲授政治经济学和西洋史。费巩一生光明磊落，一身正气，极端鄙视国民党独裁统治，曾多次发表文章抨击国民党的腐败统治，还多次举办演讲，申明政治主张。1945 年，费巩被国民党军统秘密绑架关进重庆渣滓洞。他宁死不屈，最终遭残酷杀害，牺牲时年仅 40 岁。

    费巩日记的一个显著特点，是研究和实践如何做一个正直的人，真实地反映了费巩在与国民党当局作斗争过程中的坚毅品德和不屈精神。

1940年7月，时任浙江大学校长竺可桢深知费巩深孚众望，"三顾茅庐"请他出任浙江大学训导长。费巩虽不愿出仕，但考虑到学生训导长一职不宜空缺太久，反复思考后，他以不参与国民党和不领训导长薪资为条件同意就职。

> 本来天君泰然，乃以是否就训导长一事而心绪纷烦。出仕则可一展抱负，为学生解除痛苦……不出则惧此一席复不得人，莘莘学子拯拔何日，思维再四，夜眠不安。（1940年7月17日）

> 校中看不惯之事太多，一向只有愤慨痛恨，至多以个人之势力求稍补万一。今既征聘及余，一全校学生之幸福托之，征可要求便宜行事之权，为种种改革，以一申其夙志，则虽牺牲，亦觉值得。（1940年7月19日）

几个月后，蒋介石发动了震惊中外的"皖南事变"，国民党加紧了国统区的反动统治，抗日斗争运动活跃、民族气息浓厚的浙江大学自然成为国民党反动派重点加以控制的地方。与此同时，国民党以放纵共产党活动，阻挠国民党党务的罪名胁迫费巩辞去了训导长职务。他在日记中表明了无奈与悲愤：

> 告以辞职原因，由于内外交迫，外则教部之表示，内则某某之谗言，否则不愿中途而废。（1941年1月12日）

费巩曾居住在日寇铁蹄下的上海，他看到国家和民族处于深重灾难之中，心痛不已：

英雄壮歌

龙华烈士纪念馆
馆藏精品文物集萃

金融又起突变，见报愕然，惊涛骇浪，使人悚惧，币值惨落，物价自更飞涨，展望来日，大不好过……居沪烦闷，更曾惭恨，茫茫前途，为之奈何。（1942年5月24日）

作为浙江大学的教授，费巩在面对国民党迫害进步青年时的种种行径时，常常不顾个人安危挺身而出，全力帮助学生们应对风险。

施雅风陪董服群来告，同学何惧被县党部传问，迄晚未归。卞婶亦将被传，恳为设法。告以此事，须先由学校向党部交涉释放，无效则当以私人资格访高专员一谈。（1943年4月23）

……

何惧被传谈话，幸昨日下午即释出，今晨来见，劝其以后言行务宜谨慎，勿过偏激。将来出外做事，可以字行，勿用此名。此名不好。卞婶今日亦被传，尊生夫人陪同前去，五时训导委员会散会后，迪生耀德去问消息，如尤未返校，尚须设法。（1943年4月24）

在费巩的保护下，很多学生由此进一步迈入革命的行列，有的成了后期革命活动的中流砥柱。费巩万分痛恨当时腐败的社会制度，对国民党的贪污腐化、阿谀奉承风气嗤之以鼻：

到恰周家晚餐。闻其谈及中训团情形，终觉国民党器小防人，徒欲愚民，且造成一种苟合阿谀之风，殊非好现象也。（1944年1月6日）

今日之局，无非欲造阿谀歌颂而已，一毫直言容许不得，政治更何来澄清之

望。（1944 年 1 月 13 日）

　　重庆来人谈种种腐败，真是已至溃烂地步，有任议员中途归来者谈尤贪污百出，全无天良，人心之怀，达于极点，数千年积弊，于今为烈，如此民族，何能立足于今日？可为浩叹！（1944 年 11 月 8 日）

　　他极端仇恨国民党统治，不顾自己身处虎爪狼牙之下，以大无畏的精神公开发表讲演和撰写文章，抨击国民党的反动统治：

　　耀德谓余不肯作违心之论，因而宪政讨论会中未作演讲，极表赞同，谓宁诎身伸道，藏器待时，获得精神上之自由，否则何异倚门卖笑，且荣实辱。（1944 年 4 月 16 日）

　　费巩的言行在进步学生中产生了强烈的影响，因此国民党特务便对费巩进行了严密的监视，并伺机蓄意谋害他。费巩日记的最后一篇定格在 1945 年的 3 月 2 日这天。两天后，他失踪了。就在失踪前的一个月内，他还连日进出国民党各部，目的便是调查有关国民党的腐败制度。

　　上午到交通部……杨云余所欲知诸事详载交通部人事法规汇编计四大册非卖品。……至财政部……程允代为吊卷查档照录有关条文寄下……（1945 年 2 月 26 日）

　　国民党当局恼羞成怒，最终做出绑架杀害费巩并毁尸灭迹的令人发指行径。

费巩日记记载了抗战时期动荡岁月里他的个人生活、思想历程及诸多重要历史事件，内容丰富，具有很高的研究价值。2001年9月，费巩烈士日记经国家文物局近现代一级文物确认专家组鉴定，确认为一级文物。

（潘　晨）

功勋卓著

——刘别生的委令、任命状及笔记本

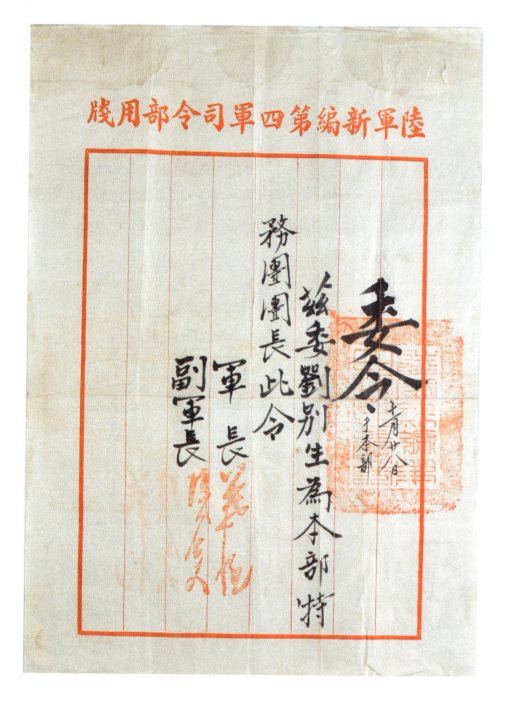

刘别生的新四军特务团团长委令（29.5 cm×20.7 cm）

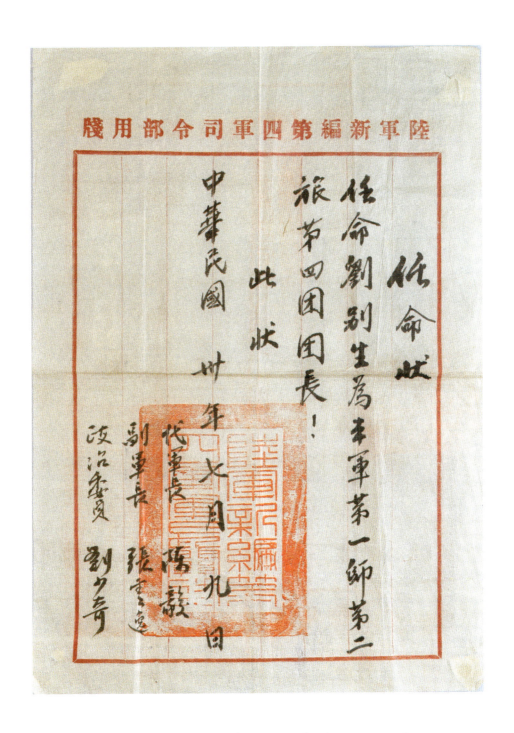

刘别生的新四军第一师第二旅第四团团长任命状（28 cm×20 cm）

新生日記

刘别生的笔记本（19 cm×9.5 cm）

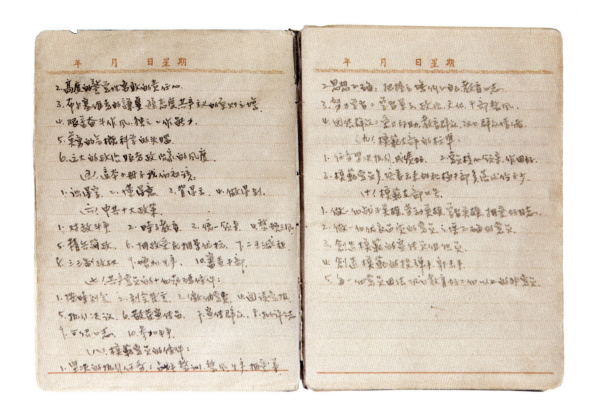

刘别生的笔记本（内页）

这3件文物分别为刘别生1940年11月28日被新四军军部任命为本部特务团团长的委令、1941年7月9日被新四军任命为第一师第二旅第四团团长的任命状、刘别生使用的笔记本。

刘别生的新四军本部特务团委令用毛笔书写在"陆军新编第四军司令部用笺"的毛边纸，上面书写"委令　兹委刘别生为本部特务团团长　此令"，左下方有军长叶挺、副军长项英的红色签名章，右中部盖有"陆军新编第四军军部关防"红印章。

刘别生的新四军第一师第二旅第四团团长的任命状用毛笔写在"陆军新编第四军司令部用笺"的毛边纸，上面书写"任命状　任命刘别生为本军第一师第二旅第四团团长　此状　中华民国卅年七月九日"，左下方盖有"陆军新编第四军军关防"红色印章，并有代军长陈毅、副军长张云逸、政治委员刘少奇的签名。

刘别生的笔记本封面、封底为黑色，封底左侧有烫金字"新生日记"，脊背处有些破损。翻开笔记本内页也部分有脱落，只有少许页数有文字内容，多处贴有塑料纸，其中有一处放着一张刘别生的黑白全身照。

刘别生（1915—1945），江西安福人。1928年参加红军。1934年加入中国共产党。曾参加反对国民党军队对中央革命根据地五次军事"围剿"与湘赣边区三年游击战争、抗日战争。历任新四军军部特务团团长、新四军一师十六旅四十八团团长、苏浙军区第一纵队一支队司令等职,屡建战功。1945年在浙西牺牲。

1940年,刘别生在安徽泾县新四军军部接受了特务团的委令。1941年1月6日,国民党反动派策动了震惊中外的"皖南事变"。在这生死存亡的紧要关头,刘别生率领特务团同敌人进行了7天7夜的浴血奋战。当时,敌人封锁十分严密,为了使大部队突出重围,刘别生和战士们有时冲杀在前,有时原地坚守,牵制敌人。13日黄昏,敌人从四面八方发起进攻,占领了离军部指挥所不到200米的一座小庙。机关枪疯狂地向军部扫射,情况十分危急。叶挺军长决心要夺回小庙,但指挥部已经没有什么战斗人员了。这时,刘别生正带着4名通讯员来到军部。叶挺军长就命令他去夺回小庙。在敌强我弱的情况下,刘别生机智灵活,出奇制敌,只用了10多分钟,便巧妙地把小庙从敌人手里夺了回来,带去的4名通讯员无一伤亡。

为了保存有生力量,军部领导发出了分散突围的命令。刘别生和战友们个个像下山的猛虎,在枪林弹雨中杀开一条血路,集结后组成一支突围小部队,由刘别生统一指挥。他们白天隐蔽休息,夜晚急速行军,绕过敌人阵地,穿过一道道封锁线。部队休息时,刘别生不是趴在大路旁的荆草丛中侦察敌情,就是化装成老百姓到村子里去观察动向,回来后分析情况,研究下一步的行动方案。刘别生带领战友们顺利地到达江北游击纵队司令部,成为"皖南事变"中最先突围出来的一批同志。

1941年皖南突围后,刘别生在苏北接受了新四军一师二旅四团(该团后与五团合并称四十八团)团长的任命状。四十八团在江南战场上被战士和百姓誉为"老虎团",刘别生就是威震敌胆的"常胜将军"。数年间,这个团作为新四军江南两大主力之一,驰骋在江南战场,打过许多漂亮仗。1943年,是苏南地区抗日斗争最艰苦的一年。刘别生率团与日伪军进行大小战斗数十次,仗仗告捷,有效地打击了敌人,保卫了抗日根据地。

英雄壮歌

龙华烈士纪念馆
馆藏精品文物集萃

1944 年 3 月，日军的一个中队和伪军一个大队，配备一门九二步兵炮到杭村一带"扫荡"。刘别生闻讯后，带领部队在敌人返回的路上设下埋伏夹击敌人，向敌人发起攻击，打得日伪军人仰马翻，死伤 70 多人。日寇不甘心失败，便派出大队人马扫荡了 20 多天，要找新四军报复。刘别生率领部队同敌人进行了巧妙的周旋，开展机动游击，气得日军暴跳如雷，最后还是一无所获。杭村一仗的胜利大灭了日军的威风，小炮打赢大炮的事迹一时传为奇谈，大大鼓舞了当地人民的斗志。

刘别生担任团长后参加和指挥了各种战斗大小近百次，歼灭敌人大批有生力量，受到新四军首长的电令嘉奖。这两份委任状见证了刘别生驰骋沙场建立的屡屡战绩，是重要的历史物证。

刘别生除了是一位骁勇善战的老虎团团长，还十分注重学习，他的笔记本字迹工整地记录下了党组织的学习内容，从党的十大政策到党员应具备的能力、模范党员的条件以及模范党支部的标准、口号等。这些内容不仅被记录了下来，也都印刻在了刘别生的行动上。

这位忠勇的抗日将领虽然停止了呼吸，但我们想告诉他，在他还未写完的那页笔记上"一九四五年的任务……我们唯一的任务是联合同盟国打倒日本侵略"那句还没有来得及画上句号的话，中国共产党成功地做到了。

1945 年刘别生牺牲后，他的委令、任命状和笔记本由同在新四军战斗的妻子苏迪保存。20 世纪 90 年代苏迪病重，便转交长子刘新保管。1995 年 3 月刘新将其捐赠给上海市龙华烈士陵园筹建办。2001 年 9 月，刘别生的委令和任命状经国家文物局近现代一级文物确认专家组鉴定，确认为一级文物。

（薛意雯）

在严冬中守望明媚春光

—— 吴沧波狱中致大弟的信

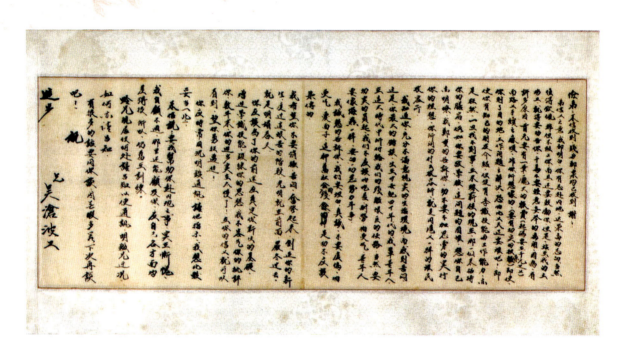

吴沧波狱中致大弟的信（21 cm×30.5 cm）

此信是 1942 年吴沧波被关押在上饶集中营周田监狱时，写给大弟吴生俭的。书信用毛笔书写在宣纸上，由淡绿色缎面托裱。

吴沧波（1920—1942），江苏松江（今上海）人。曾就读于上海斯盛中学（今多稼中学）和良才补习学校，懂俄语、法语、日语等多国外语。1939 年参加新四军。1941 年在"皖南事变"中被捕，后被关押于上饶集中营周田监狱，翌年被害。

1937 年，抗日战争全面爆发后，国共两党合作抗日。随后，留在南方 8 个省 13 个地区的红军和游击队（不包括琼崖红军游击队），改编为国民革命军陆军新编第四军。1939 年，吴沧波胸怀抗日救国的志向加入新四军，英勇抵抗日军侵略。然而，抗战进入相持阶段后，国民党顽固派加紧制造反共摩擦活动。1941 年，吴沧波在"皖南事变"中不幸被捕，后被关押于上饶集中营周田监狱。

在狱中，吴沧波被敌人残酷折磨，身体十分虚弱，处境格外困难。在这种情况下，他仍不忘记勉励自己身边的人。1942 年，吴沧波在狱中写下这封给大弟吴生俭的信。他告诫胞弟，要增进学识技能，锻炼思想意志，鼓励俭弟"青年人要像海燕一样，要向一切恶势力斗争"。他在信中写道：

我知道你充分不满意现实的生活环境，而感到苦闷，这是你最大的错误。生在廿世纪四十年代的我辈青年人，在这大时代中所付给我们的残酷艰巨的任务，当然要切实的负起，我们不应该怕吃苦耐劳、怕受气。青年人要像海燕一样，要向一切恶势力斗争。

我诚恳的告诉你，我们要坦白、真诚，不要虚伪、怕受气、爱面子，这种旧社会的残余是切不应该染传的。

我希望你不要消极、苦闷，奋发起来，创造你的新生，度过这艰苦的阶段，光明就在前面，严冬过去，就是明媚春天。

你应该为了你的前途，应奠定你新生的基础，增进学识技能，锻炼你的思想。我不客气的批评你，数年来，你的进步实在太慢了！在你的信上就可以看到。望你勇往迈进！

正如信中所言，吴沧波勉励弟弟要担负起大时代艰巨的任务，积极奋发，渡过艰苦阶段，相信严冬过去，就是明媚的春天。字里行间，流露出他对党的事业有着必胜的信念。

此信由其弟吴生俭长期珍藏，后托人装裱保存。2002 年 7 月，吴生俭将此物捐赠给龙华烈士纪念馆。

（于海燕）

镌刻智慧

——汤景延的名章

汤景延办公时使用的名章（6.5 cm×3 cm×2.5 cm）

这是汤景延的公务印章，质地为杂木，矩形印面刻着手写体"汤景延"。印章有些许变形，表面有污迹划痕，底部有粘贴的痕迹。

汤景延（1904—1948），江苏如皋人。1940年任通海人民自卫团团长。1942年加入中国共产党。1943年为配合苏中地区反清乡斗争，率团打入日伪内部进行斗争。1948年任苏浙边区游击纵队副司令。同年在青浦遭国民党军队追堵，被捕后就义。

汤景延是新四军著名的敌工干部。1943年，他曾率领一个团打入伪军内部开展惊险的特殊战斗。这个特殊的任务极其复杂而又充满种种危险，但汤景延怀着对党的忠诚，信心十足地承担了，这一壮举被人誉为"汤团行动"。

为了减少敌人的疑虑，汤景延一开始就严格要求自己的举止谈吐以及嗜好，极力仿效敌伪头目，还先后在海门、南通设了派头可观的"汤公馆"。在相关场面与敌周旋，他应酬大方，谈笑风生，使许多敌伪头目都乐于与之交往。这样不仅有效地迷惑了敌人，也便于在敌伪内部开展拉拢和分化瓦解工作。敌伪政权为进一步笼络汤景延，也使出种种花招。为了突破敌伪对新四军的封锁，团长汤景延在自己的"公馆"内设立商业机构——协记公行总行，自任经理，刻有汤景延的名章作为账务重要工具使用。开办总行的公开理由是解决部队经费来源、以经商贴补部队给养，暗中则为新四军运输军火、药物，护送人员，传递情报。公行在几个港口都设有分行，贩运蔬菜、粮食。正是这个公行打通了新四军长江南北的联系，他们一面替江北主力购买运输军需物资，同时把搜集到的军事情报传递到根据地。协记公行还掩护了大量的新四军方面人员往来，如著名的新闻工作者邹韬奋、音乐家贺绿汀。就这样，在严密的封锁下，一个个缺口被捅开，新四军的地下运输畅通无阻。而这枚镌刻着初心的印章坚定地完成了使命。

这枚名章先由汤景延的夫人黄秀芝保存，后转交其子汤新驹珍藏。1993年12月，他们将这枚名章捐赠给上海市龙华烈士陵园筹建办。

（薛意雯）

忠诚与奉献

——汤景延的整风笔记

1944 年汤景延的整风笔记（13.5 cm × 9.7 cm）

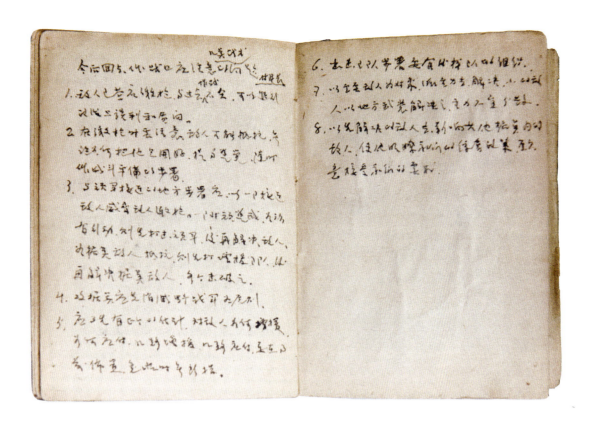

汤景延的整风笔记（内页）

这是汤景延在1944年所写的整风笔记。封面、封底有深蓝色布面，封面中间贴有白纸，写有"汤景延"，笔记内页文字使用蓝黑色钢笔记录，字迹工整。

1944年夏天，汤景延根据党组织安排，赴党校参加为期3个月的团级干部整风学习。在这里，他认真学习党的整风文件，做好整风笔记。笔记中汤景延回顾了从大革命时期到抗日战争这一段时期的曲折经历，梳理了自己从入党—脱党—参加新四军重新入党的思想演变过程，有分析，也有检讨，把亲身的思想变化详细记录下来，从笔记中满满的内容可以看出一个革命战士对党的无限忠诚和强烈的思想觉悟。

笔记中还有很多关于战术内容的记录，汤景延研究了如何瓦解伪军，孤立敌人，从主观和客观的因素分析了有利和不利的条件，认真详细地制订了战术的要求，总结了"今后回去作战应该注意的几点战术"。数年间，汤景延职务多次变动，但他以党的利益为重，根据斗争形势的需要，时而出入敌门，瓦解和策反敌军，时而挥戈转战，歼击顽敌。每次工作变动，他都义无反顾，接受考验，并出色地完成任务。

1993年，上海市龙华烈士陵园工筹建办工作人员赴南通访问汤景延的夫人黄秀芝和儿子汤新驹时，他们将这本珍藏多年的整风笔记捐赠。

（薛意雯）

救亡图存的记录

——姜化民的文稿

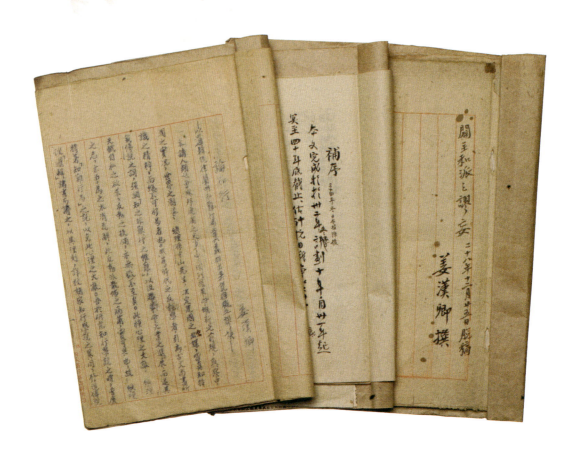

姜化民的文稿
(《论知行》29 cm × 19 cm;《棉纺织工业十年建设计划刍议》25 cm × 16 cm;
《辟主和派之谬妄》29 cm × 19 cm)

　　这份文稿共 3 本,是 20 世纪 40 年代分别由姜化民撰写而成的《论知行》《棉纺织工业十年建设计划刍议》《辟主和派之谬妄》,均用牛皮纸装订封面。第一、第二本均是毛边纸,用蓝色复写纸竖写;第三本前 5 页是姜化民用毛笔写在宣纸上的《补序》,后面的内容是登载在《经济汇报》(油印)的姜汉卿(即姜化民)所写的文章,其中夹有《经济部中央工业试验所秘书室通知》及剪裁后的报纸一份,上面载有《我国棉纺织业当前的几个问题》的文章。这 3 本文稿就是姜化民秉承着救亡图存精神,致力于挽救国家危亡而奋力探索的成果。

　　姜化民(1903—1949),江苏沭阳人。抗战胜利后在上海中纺十七厂工作。

1946 年参加中国民主建国会，任中国民主建国会上海分会理事。1947 年，从事爱国民主运动，发动和组织工人参加反内战、反饥饿、反迫害斗争。1949 年 5 月 14 日在领导护厂斗争时遭国民党当局逮捕，5 月 20 日就义于上海宋公园（今闸北公园）。

1937 年抗日战争全面爆发，姜化民把主要精力转移到宣传抗日上来。同年 12 月姜化民决定赴延安找共产党。在八路军西安办事处的介绍下，姜化民进安吴堡青训班学习了两个星期，结业后被分配去了武汉。他就当时战局发表《论和战》一文，严厉驳斥投降派的谬论。

1943 年，姜化民到重庆，在国民党经济部中央工业试验所下属纺织实验工厂工作。在厂期间，一方面他悉心研究纺织工业，发表了约万字的《中国纺织工业十年建设具体计划刍议》一文，对中国纺织工业的建设和发展提出了具体的设想和建议，刊登于当时的《经济汇报》；另一方面，他积极参加工人活动，组织补习班，帮助工人识字、补习文化知识。

1945 年，姜化民到上海。1946 年加入民主建国会，同年 11 月民建上海分会成立，姜化民为分会理事。1947 年 7 月，中共上海纺织系统党的秘密外围组织"中国纺织事业协进会"（简称"小纺协"）成立，姜化民积极参加"小纺协"组织的各项活动。

在《辟主和派之谬妄》一文中，姜化民反复提及"抗战为定论与主和派所持的理由"，他认为"吾国抗战已二年矣，全国上下一心一德从事于抗战，国人皆曰：战则存、不战则亡"，并怒斥汪精卫"仍有少数政类，别具肺肝，倡言主和，亡不足，又从而为敌人服务效命焉"。姜化民坚决支持全国抗战，并对当时主和派言论理由一一驳斥，"主和者之言，不外下列数端：一曰，中日同文同理，当倚之以图存；二曰，战者危事，当求和平，苟全图强；三曰，抗战徒为第三国所利用；四曰，弱者不可以敌强"，姜化民以日本图谋中国全境之事实与战事之利弊将主和派丑恶的意图狠狠揭露。

在《论知行》一书中，姜化民"以逻辑规律阐明知难行易之真义，指出异说推概之谬误"，将其哲学思绪付诸书中，"总理之所谓知，乃真知特识之知也，即科学知识或真理是也，以科学之方法，求得全乎真实之学理，有秩然不紊之条理，有同类相及之系统"。

在《棉纺织工业十年建设计划刍议》一书中，论及"中国之自力更生，尤以工业化为当务之急"，他认为"故今国民的经济建设应以发达工业经济为基础"，"其最重要的条目为准备实业计划的实施，由此以完成我们平均地权与节制资本的基本政策"。姜化民并在其书中，详尽描述其建设计划，欲发展国民的经济建设，需要"利用外资""高度技术与集中经营""计划经济与社会立法""产品在国内市场价格之规定""使中国走上工业化"5项提案。

1949年5月姜化民牺牲后，这3本文稿先由其妻收藏，后交与女儿姜淑文保存。1993年10月，姜淑文将这3本珍贵的文稿连同姜化民的数件遗物一同捐赠给上海市龙华烈士陵园筹建办。

（马振宇）

青春心曲

——史霄雯日记

史霄雯日记（15.7 cm × 10 cm）

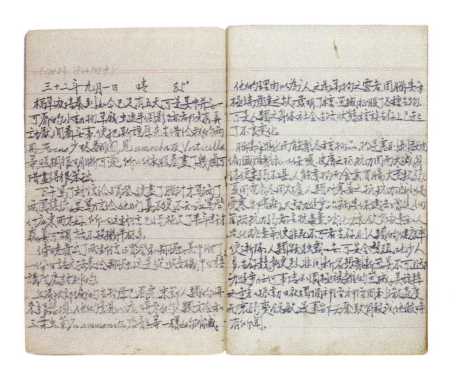

史霄雯日记（内页）

这两本日记用钢笔书写，封面上钤盖蓝色印章"史霄雯"。其中一本封面为紫色，日期为1943年9月1日—1944年1月19日；另一本封面为橘黄色，日期为1944年1月20日—2月6日。在日记的前言中，他写道："……让自己在这宝贵的青春时期中留下一段真实的记载，使将来的我能看到自己青年时的影子。"工整、刚劲的文字，记录了史霄雯的日常生活，以及他的学习与思考，让我们看到一个鲜活的生命，一段可圈可点的成长之路。

史霄雯（1926—1949），江苏武进人。1945年就读于交通大学化学系。1948年任交通大学学生自治会理事。1949年参加新民主主义青年联合会，参与编印《每日文摘》《每周新闻》，宣传进步思想。1949年5月2日被捕，20日就义于上海宋公园（今闸北公园）。

史霄雯自幼品学兼优，他爱好文学，也爱好自然科学。这两本日记是他高中二年级的部分课业生活记录，里面记录了他每天阅读的书目，他对国文、历史、生物、化学等课程的感受与思考，以及他与朋友、老师之间的交往等。

史霄雯曾经的理想是工业救国。从初中开始，在课堂上学的科学知识，史霄雯常常回家动手实验。学化学时，他常在家里小阁楼上做实验，屋子里摆满了各种瓶瓶罐罐，使原本狭小的空间更加拥挤。史霄雯在初中曾两次获得自然科学奖金，之后以甲等第一的成绩考入沪江大学高中部。他对化学的钻研在这本日记中也可见一二：

……所以每星期五堂化学课只须教三堂，其余二堂由我们发问。这种好机会我当然不能错过的。

"物体经过化学变化时所产生的热力光是从哪儿来的？"我第一发问。他却很简单地说："是物体本身所产生的。"这种肯定的答案我几乎怀疑他是否化学教授，因为这是绝没有这样的简单，许多科学家都在追求真理，埋头苦干，他却只有这种答案。要是再问他"物体本身所产生的热力光是哪里来的？"和"物质在化学变化时何故产生热力光？"不知他怎样回答……

代数陈先生（女）教得很清楚，很使人满意。夏教国文，说话很难懂，十句中只懂其二三……（民国三十二年）九月十六日与化学教师的"针锋相对"，正表现出史霄雯对知识和真理的不懈追求。他后来与这位化学教授有一次全校皆知的双方辩论，使得史霄雯一时成为学生们关注的焦点。

日记中对日常生活的点滴记录也让我们了解到当时的部分社会现实。比如，在九月一日的日记中他记道："本想明日去买西裤，不料今日下午各布店奉令结束办登记手续，不许出售，真不巧。"又比如，在当时战时状态下，沪江高中开学日期一再推迟，引起一部分学生的不满。再比如民国33年（1944）2月6日的日记是《访斯先生记》（斯先生是史霄雯的老师，因肺病住院，史霄雯与他经常通信），其中写到在路上他们遇到几名警察向小贩讨要橄榄的事，反映出当时社会管理的混乱与穿着警察制服的恶势力的丑恶面目。

史霄雯对国弱民穷的强烈感受，促使他广泛接触当时的各种思想。有一次，友人给他送来《苏联科学计划的故事》。他读完以后，羡慕不已，发出"不知中国何日会有这样的计划"的感慨。

史霄雯牺牲后，他从小学到大学的毕业证书、个人习作、获得的奖章奖状以及曾使用过的证件和实验工具等百余件物品，由他的弟弟史如松悉心保管数十年，后全部捐赠给龙华烈士纪念馆。这些实物让烈士的形象栩栩如生，让烈士的故事永远流传。

（鲍晓琼）

终生信条

——史霄雯的日用手册

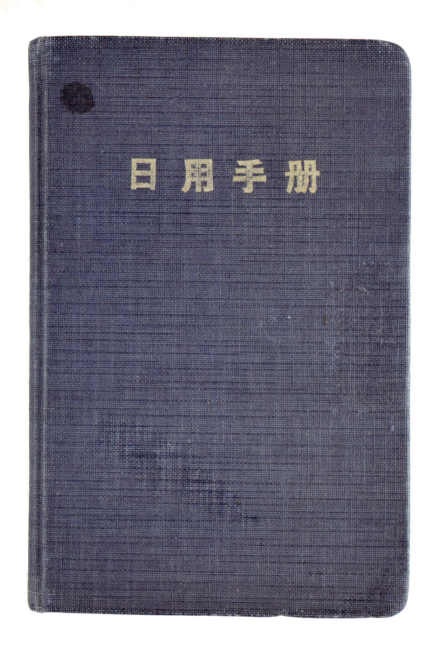

史霄雯的日用手册（11.6 cm×8 cm）

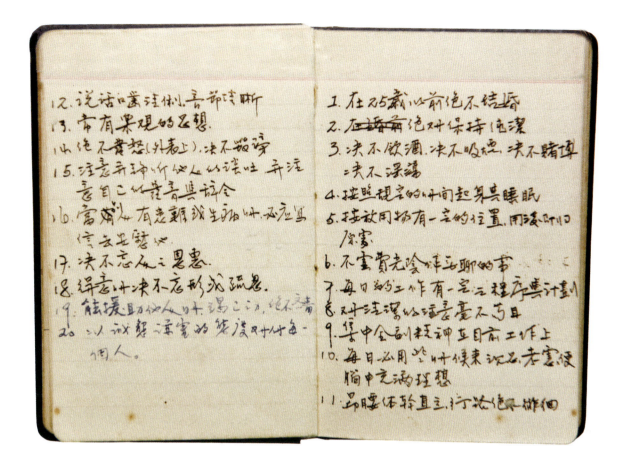

史霄雯的日用手册（内页）

该手册为深蓝色封面、封底，封面印有烫金字"日用手册"。手册的其中两页为史霄雯写的"终身必守信条"，共 20 条。在手册的前半部分记录着史霄雯忙碌的各种活动，包括甲申义务教育社的联合会议、澄衷第四十二届校友同乐会、青年会团长会议、演讲比赛、弈棋比赛、孤儿慰问团等；在手册的后半部分以表格的形式详细记录着馈赠和借贷的一分一毫。这本手册充分展现了 20 世纪 40 年代怀抱梦想与社会责任的青年的品格与气质。

史霄雯在家国破碎的环境里长大，幼年丧父，日军横行。然而史霄雯一直是一个品学兼优的孩子，他常对妈妈说："妈，你别焦虑，我要好好读书，等我大学毕业后，我要用自己的力量创造出自己的前途来。""终身必守信条"是史霄雯 17 岁时制定的，他要求自己：

1. 在 25 岁以前绝不结婚。

2. 绝对保持纯洁。

3. 决不饮酒、决不吸烟、决不赌博、决不淫荡。

4. 按照规定的时间起身与睡眠。

5. 按放用物有一定的位置，用后即归原处。

6. 不虚费光阴作无聊的事。

7. 每日的工作有一定的程序与计划。

8. 对清洁的注意毫不苟且。

9. 集中全副精神在目前工作上。

10. 每日必用些时候来沉思、考虑，使胸中充满理想。

11. 昂腰体干直立，行路绝不徘徊。

12. 说话口齿清俐，音节清晰。

13. 常有乐观的思想。

14. 绝不发怒（外表上），绝不诽谤。

15. 注意并静听他人的谈吐，并注意自己的发音与辞令。

16. 当别人有患难或生病时，必应写信去安慰他。

17. 决不忘人之恩惠。

18. 得意时决不忘形或疏忽。

19. 能援助他人时竭己之力，绝不吝啬。

20. 以诚恳谦逊的态度对待每一个人。

在他短暂而热烈的余生，一直努力而坚定地践行自己制定的信条。

1942 年，史霄雯以优异的成绩考入沪江高中。在沪江读书时，史霄雯组织了"晓青团契"，举办时事讲座，阅读进步书籍，带领大家参加慰问孤儿等活动。他在手册中写道，慰问贫苦儿，一方面是增加自己的社会实践，另一方面要"使孤苦的儿童知道社会上也有同情他们的人员，使他们的小心灵不会感到太寂寞"。1944年高二的暑假，他和几个同学一起创办了甲申义务学校（因这一年是甲申年，故名），免费招收失学青年来读书。这个夜校一共有3个分校，史霄雯担任第一分校校长，从找校舍、募集经费到聘请教员，皆是他独立奔走。最后，他把自己的稿费也送给夜校中经济困难的学生。

少年时代感受到的民族屈辱与忧患，在史霄雯幼小的心灵里早早播下了爱国的种子。1945年史霄雯考入交通大学。这一年，抗日战争取得的胜利没有迎来和平，在对国民党政府的一次次失望和对共产党的不断深入了解中，史霄雯选择成为一名革命青年，向往建立一个自由、平等、幸福的新中国。

1949年5月2日，史霄雯被捕，带着不屈的意志，在上海解放的炮火中抱憾而终。史霄雯的百余件遗物由史如松（史霄雯的弟弟）悉心保管数十年，其中包括这本"日用手册"。它是龙华烈士纪念馆的重要展品，讲述着先烈的精神风范。

（鲍晓琼）

忧国忧民之心

—— 黄竞武致四弟的信

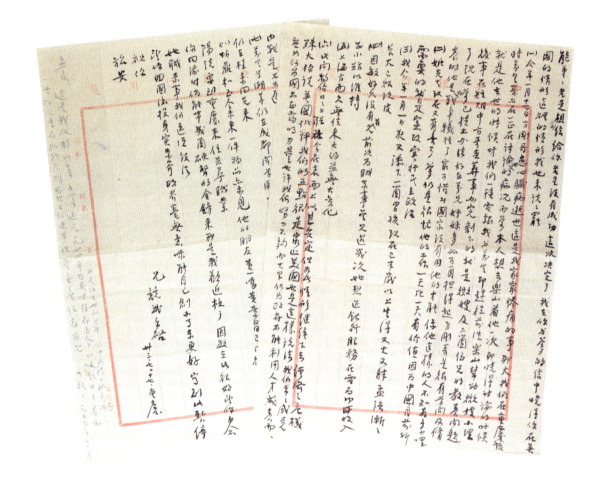

1944 年 7 月 17 日黄竞武致四弟的信（24 cm×17.5 cm）

　　这封信是 1944 年 7 月 17 日黄竞武写给四弟黄大能的信。信件用的是"中央银行用笺"。信中除了谈一些家事外，还谈到了对时局的担忧等话题。信笺结尾为黄大能用圆珠笔写给黄竞武之子黄孟复的，内容是关照黄孟复要妥善保存此信笺。

　　黄竞武（1903—1949），江苏川沙（今上海）人。早年留学美国。1941 年参加中国民主政团同盟（后改名为中国民主同盟），并任总部组织委员会委员、国外关系委员会委员等职。1945 年任上海中央银行稽核专员，后参加民主建国会。1949 年发动中央银行员工反对国民党政府偷运金银去台湾，并利用社会关系策动国民党税警队起义。1949 年被国民党当局逮捕，不久牺牲。

1937 年，卢沟桥的枪炮声使中华民族处在危机之中。继华北失陷后，东南地区也很快陷入敌手。黄竞武被迫中断了他在四川青口的工作，随西撤的人流退到湖南，任沅陵稽核所所长。不久又入川，转任重庆中央银行稽核专员，开始随他父亲黄炎培直接投身民主革命运动的战斗行列。

1941 年，黄炎培、张澜、梁漱溟等人发起成立中国民主政团同盟（后改称中国民主同盟）。黄竞武加入了这一进步组织，并出任总部组织委员会委员、国外关系委员会委员，为发展民盟组织，联络海外人士而"不辞辛劳，积极工作"。他一度担任周恩来与美国人士会谈时的翻译。作为民盟中的青年骨干，他受到同仁们的尊敬和民众的赞誉。

1944 年 7 月 17 日，黄竞武给在英国留学的四弟黄大能寄出了这封亲笔信，谈及了一些家事及对时局的担忧。

黄竞武在信中谈及家中亲友心脏病逝世"这是我家最惨痛的事"，转而又思及家国的忧患，提笔写下"中国目前所需要的就是党政实行民主、政治"，"我常感因政治的组织不良效率"，"这次战争全靠穷苦的老百姓，而一部分执政者竟居以为功，岂非笑话"，"物价日日上涨，社会在表面上似甚安定，但如果情形继续下去，经济之危机殊大"诸多思绪；谈到父亲黄炎培，他不忘告知四弟："爹仍是很忙，他们工作一天比一天有价值！"

后来这封亲笔信一直由黄竞武四弟黄大能保存，直到 1975 年交给因工作需要离开北京的黄竞武次子黄孟复留作纪念。1993 年 12 月，黄孟复将这封珍贵的亲笔信捐赠给上海市龙华烈士陵园筹建办，供陈列展出之用。

（马振宇）

闪耀的荣誉

—— 胡文杰荣获的纪念章和奖章

胡文杰荣获的纪念章（直径 2.9 cm）　　　　　胡文杰荣获的奖章（直径 3.1 cm）

这是胡文杰 20 世纪 40 年代获得的纪念章和奖章。纪念章为铜质，上面印有"毛泽东旗帜""N.4.A.1D"字样；奖章亦为铜质，上面印有"奖章""N.4.A.1D 1944"字样。

胡文杰（1916—1949），江苏丹阳人。1938 年参加新四军，同年加入中国共产党。历任新四军苏中第二军分区第四团政委、中国人民解放军二十九军八十七师二五九团团长等职。1949 年 5 月在攻克月浦镇战斗中牺牲。

胡文杰原本是一名乡村教师，在全面抗战爆发后，带领本乡热血青年参加丹北抗日自卫团，从此戎马半生。

从抗日战争到解放战争，胡文杰长期担任的主要是政工工作。他善于深入基层开展军事、政治练兵活动；特别重视连队党组织建设，注重发挥党支部的战斗堡垒作用。他曾说："我们都是机关干部，光动员部队要坚决完成任务还不行，我们自己应该带头冲在队伍前面。"所以每次作战，胡文杰总是带头投入第一线战斗，他坚韧不拔的革命意志极大地鼓舞了部队的士气，得到了官兵的普遍赞誉。

1943 年 1 月，胡文杰调任靖江独立团政治处主任。一次，营地遭到敌人偷袭，独立团仓促应战，胡文杰挺身而出，沉着地在阵地前指挥部队，向敌人的薄弱环节实施猛攻。在突围时，胡文杰手臂挂花，鲜血直流，在危困的情况下负伤急行军 80 多里。部队安全转移后，军医劝他住院，但是胡文杰坚持留在部队，不放过任何机会开展政治教育工作。经过一年多的努力，靖江地区的反清乡斗争取得重大胜利，并有力地推动了根据地的减租减息、民主建政的斗争。为此，苏中三分区司令部、政治部发布了对靖江独立团及包括政治处主任胡文杰在内的各级领导的嘉奖令，刊登在当年出版的《江潮》报上。

1944 年，中国人民抗日战争进入反攻阶段，胡文杰受命出任丹北独立团的政治处主任并分工抓该团三营的工作。三营是新组建的部队，其中第七、第九两个连的战士大都是刚放下锄头拿起枪杆的农民，生活懒散、纪律松弛，军事知识尤其缺乏；而第八连是前不久起义的伪军，情况十分复杂。针对不同的对象，胡文杰制订了不同的工作方法，使新兵连很快走上战斗序列要求。八连的战士们，在胡文杰的真诚关爱下，无不感动地说："共产党新四军好，胡主任待我们亲。"

1945 年抗日战争胜利之后不久，烽烟又起。胡文杰优秀的组织才能和战略才能，给连队士兵极大的鼓舞，"同胡政委一起打仗，思想上没有负担，部队能勇往直前"。1949 年 3 月，胡文杰被提升为中国人民解放军第二十九军八十七师二五九团团长，从政工干部转为军事干部，胡文杰视之为极大的荣誉。带着队伍成功渡过长江天险，大上海就在眼前。

同年 5 月 12 日，进攻的号角吹响了，胡文杰亲帅二五九团以勇猛的拼杀冲进了月浦街镇，与敌人展开逐屋争夺的激烈巷战。在连日的激战中，昔日亲密的战友一个个倒下，最终在 15 日的阵地争夺战中，胡文杰胸部中弹，为人民的解放事业流尽了最后的鲜血。

这两枚军功奖章是胡文杰在长期战斗生涯中获得的，在他牺牲后由妻子唐渠保存，之后捐赠给龙华烈士纪念馆。

（鲍晓琼）

战斗的痕迹

——顾伯康自制的盆

1946 年顾伯康自制的盆（口径 44 cm）

这是顾伯康用日寇飞机残骸亲手制作的脸盆。质地为铝合金，银灰色。外侧和盆底各有两处补丁，补丁直径分别为 20 厘米、10 厘米。

顾伯康（1910—1949），浙江诸暨人。1948 年 3 月考入上海公交公司当司机。同年 9 月被推选为公交公司员工福利会理事。1949 年初，在公交职工要求当局发放"应变费"的斗争中，他所在的枫林桥营业所率先进行罢工。2 月 16 日遭逮捕，17 日牺牲于江湾刑场。

抗日战争爆发后，顾伯康眼见大哥在田间务农时被日寇残忍杀害，心中萌生了奋起抗日、保家卫国的决心。为了谋生，顾伯康学习了汽车修理，在同行中修车技术高超。据顾伯康儿子顾正义回忆，"汽车抛锚，我父亲只需拿一个铁棒放引擎上附耳一听，便知毛病出在哪里"。

正因为有这样的好技术，顾伯康毅然投军，考入军政部汽车修理厂，当上了一名汽车修理兵，在安徽、江西、贵州、云南等地从事战事物资运输。最危险的是在云南滇缅公路运输多年，九死一生，也立了不少功，后来升任安徽芜湖第三修理厂厂长。

1946 年，顾伯康在任厂长期间，用抗日战争中击落的日寇飞机机翼残骸，亲自制作了一个日用脸盆。后来这个脸盆一直放在顾家使用并保存。其子顾正义说："我记得脸盆有几处修补的洞孔，可能是日机中弹的痕迹。"从这个脸盆上留存的斑斑弹孔可遥想当年战事的激烈程度，抗战之惨烈可想而知。顾伯康将机翼残骸制作成日用品留存在家中，或许也有不忘国耻的意思。

1994 年，因上海市龙华烈士陵园续建工程需要，筹建办工作人员与顾伯康烈士家属取得联系，顾伯康烈士遗孀周慧彬将这个珍藏的脸盆捐赠。

（傅旭雨）

以情落笔　以字明志

——李公朴赠友人的条幅

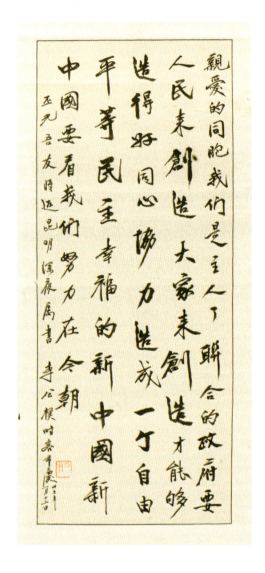

亲爱的同胞我们是主人了联合的政府要人民来创造 大家来创造才能够造得好同心协力造成一丁自由平等民主幸福的新中国新中国要看我们努力在今朝

正元吾友将返昆明谨录为书 李公朴撰时客重庆

1946 年 1 月 12 日李公朴赠友人的条幅（45.0 cm×180.0 cm）

该条幅系李公朴在 1946 年 1 月 12 日客居重庆时所书。当时友人将返昆明，李公朴深夜特书此条幅赠予友人，以字明志，寄予友人此去的美好期望。该条幅质地为纸质，已装裱，左下角钤盖"公朴"阳文印章。

李公朴（1902—1946），江苏武进人，爱国民主人士。中国民主同盟中央执行委员。早年就读于上海沪江大学，曾参加五卅运动。1927 年赴美留学，回国后在上海从事新闻工作。"九一八"事变后参加抗日救亡运动和群众文化教育工作，参与创办申报补习学校、申报流通图书馆等。1936年参加全国各界救国联合会。同年，为抗日救亡与邹韬奋等7人被国民党当局逮捕，史称"七君子事件"。1937年获释后在敌后从事抗日救亡和抗战教育工作。1945年任中国民主同盟中央执行委员。1946年因从事和平民主爱国运动在昆明遇害。

1945年8月15日，日本宣布无条件投降，中国人民经过艰苦卓绝的斗争，终于取得了抗日战争的胜利。人们奔走相告，欢呼声、鞭炮声响遍全城。而这时，李公朴却受毛泽东在《论联合政府》中关于"两个前途"的警示，从庆祝胜利的鞭炮声中仿佛听到了蒋介石发动内战的隆隆炮声，预感到一场反对内战、争取和平民主的斗争就要开始了。想到此，他感慨万千，朗诵了题为《不要教胜利冲昏头脑》的诗篇，来坚定自己反内战、争民主的决心。随后，李公朴参加了在重庆召开的中国民主同盟会临时全国代表大会，并当选为民盟中央执行委员。面对时下局势，虽抗日战争已经取得了胜利，但中国向何处去却还是个未定之局，许多知识分子与李公朴一样，寄希望于和平、民主、团结。这是当时中国共产党人提出的统一战线的口号，也是民盟在政治上的迫切要求。因此，把民盟从政治上、组织上、思想上向前推进一大步，李公朴认为自己责无旁贷。

其后不久，国民党反动派在昆明镇压民主运动，制造了骇人听闻的昆明"一二·一"血案。李公朴虽身在重庆，但此时心情特别沉重，因为他与昆明青年和战友们有深厚的战斗情谊。正在他焦思苦虑之时，一位友人到访，向李公朴辞行将赴昆明，两人促膝畅谈一夜共同研讨如何以实际行动来声援、支持昆明的斗争。临走之时，李公朴动之以情地写下条幅送给友人，激励其民主革命斗志：

亲爱的同胞，我们是主人了，联合的政府要人民来创造。大家来创造才能够造得好。同心协力造成一个自由平等民主幸福的新中国。新中国要看我们努力在今朝。丕光吾友将返昆明深夜属书 李公朴时客重庆。

李公朴牺牲后，友人将条幅转送给李公朴夫人张曼筠以示纪念。张曼筠逝世后，条幅由其儿子、儿媳保存。1996年7月，他们无偿赠予上海市龙华烈士陵园作为李公朴烈士事迹展陈所用，该条幅为国家一级文物。

（苏莉敏）

追求民主的指针

——李公朴遇害时佩戴的手表

1946 年 7 月 12 日李公朴遇害时佩戴的手表（口径 3.5 cm）

这是李公朴用过的手表。该表为欧米茄（Omega）20 世纪 40 年代瑞士产小三针腕表。阿拉伯数字刻度双表盘，盘面直径为 3.5 厘米，表盘为银白色，玻璃表镜，不锈钢履带式表链。此表系李公朴生前所用，遇害牺牲时仍戴在手上。

1946 年 7 月 12 日凌晨 5 时，李公朴在黎明时分永久地闭上了眼睛，为他一生追求的民主事业倒下了！英雄已逝，不可能再有自我剖白的机缘，但这块手表仿佛将这位民主斗士的一生都浓缩在表盘里，恍如昨日。

李公朴高声呐喊反对内战，实现民主，而国民党反动派却对他恨之入骨髓，欲除之而后快。李公朴曾大义凛然地表示：

搞民主运动的人，是要随时准备牺牲的。我已经准备好了，两只脚跨出门就不准备再进门！

1946年7月11日，天色阴暗，阴雨连绵，整个春城显现出凄凉和恐怖。晚上7时半，李公朴同夫人外出找一位朋友接洽借用电影院开募捐音乐会，事毕便在南屏影院看了一场电影。9时45分电影散场，他俩行至南屏街乘坐公共汽车，随即有穿黄色军服及便衣数人跟踪上车。一路跟踪至下车，当他们刚转到无人的坡道上，李公朴即遭特务暗杀倒地，子弹由后腰射入，贯穿腹腔，伤痛肆意蔓延，随着鲜红的血液流淌至身体每个角落。李公朴以身殉真理，这真理就是民主。这真理深种在四万万五千万人民的胸中，薪尽火传。

　　在整理遗物时，李公朴夫人看着这块手表久久无法回神，好似李公朴仍然在自己身边一样。直到过世前她才将手表交给儿子李国友保存。李国友病逝后，其妻陈丽君将此表等物作为传家之宝交予女儿（定居在德国）保存。1997年3月，陈丽君来沪探亲，在上海市龙华烈士陵园扫墓时得知陈展李公朴的业绩缺少实物，便将代代珍传的此表捐赠。

（苏莉敏）

人达而己达　求仁而得仁

——纪念梁仁达牺牲的《快报》第一号

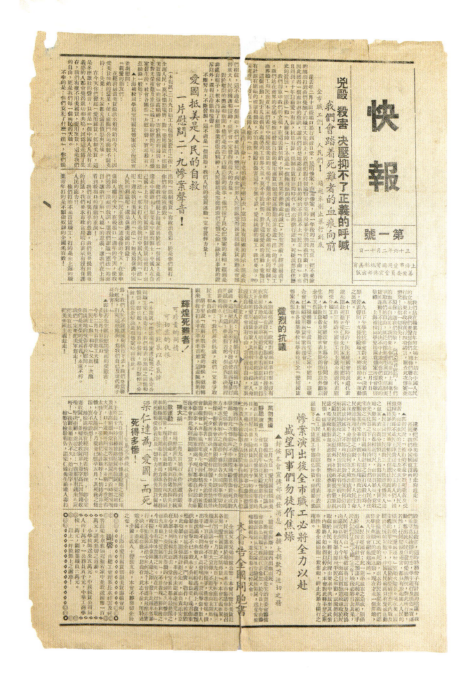

纪念梁仁达牺牲的《快报》第一号（38.5 cm×26.8 cm）

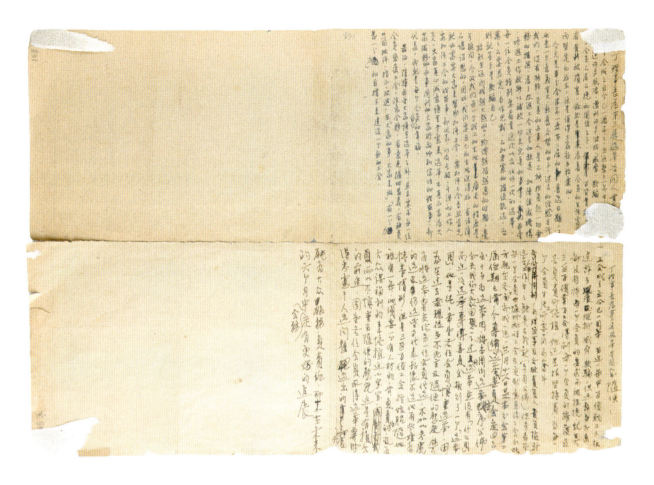

纪念梁仁达牺牲的《快报》第一号（背面）

这份《快报》第一号是 1947 年 2 月 11 日梁仁达牺牲 3 天后上海市"爱用国货、抵制美货"筹备委员会宣传部出版的报纸。纸质，铅印，内容是梁仁达牺牲后的相关报道，其中有一首郭沫若赋诗。

梁仁达（1917—1947），广东中山人。1934 年进入上海永安公司工作，其间参加中共组织的爱国民主运动。1947 年在劝工大楼召开的"爱用国货、抵制美货"筹备会成立会上，遭破坏会场的暴徒毒打，伤重不治牺牲。

1947 年 2 月 9 日，三区百货业工会在地下组织领导下，发起了"爱用国货、抵制美货"筹备大会，邀请中国民主同盟中央委员邓初民和郭沫若到会演讲。但爱抵会的活动遭到反动当局破坏，梁仁达因怒斥暴徒，惨遭毒打，伤重不治。

惨案发生 3 天后，上海市"爱用国货、抵制美货"筹备委员会宣传部出版《快报》第一号，用整版内容记录"二九"惨案后上海各界的抗议、悼念活动。参加了"二九"当日活动的郭沫若在《快报》中为受难者赋诗一首：

去年二月十日校场口

今年二月九日在劝工大楼

"民主"与"和平"又出一次丑

我虔诚地向受伤者致慰问，

你们是光荣的爱国者，永远不朽。

我们一定要把美军赶走！

把美货赶走！

把美帝国主义赶走！

还要把那些美帝国主义的走狗赶走。否则，我们中国简直没救！

社会学家邓初民也在《快报》中撰文：

被打的不是少数死难者及受伤者，而是广大的民主人士及要求民主的人民，但损失的却不是民主阵营而是反民主的人们，因这种暴行无异戳穿假民主伪宪法的面具。

1950年1月，郭沫若在北京看到上海百货业工会寄来的一本梁仁达生前保藏的纪念册后，心潮澎湃，用饱蘸墨汁的笔在纪念册的空白处写下：

人达而已达，求仁而得仁，毁灭者身体，不灭者精神。

1994年5月18日，上海市龙华烈士陵园筹建办工作人员在采访梁仁达妻子高绍珊和儿子梁涌雄时，了解到上海百货业党史征集组也在收集史料。经与征集组原永安公司（现华联商厦）地下党员王德义多次联系，他们于 1995 年 4 月将此份《快报》捐赠。

（傅旭雨）

正义与友谊

——为朱惺公烈士建置墓碑并募集遗属生活费子女教育金捐册

为朱惺公烈士建置墓碑并募集遗属生活费子女教育金捐册（26.6 cm × 18.7 cm）

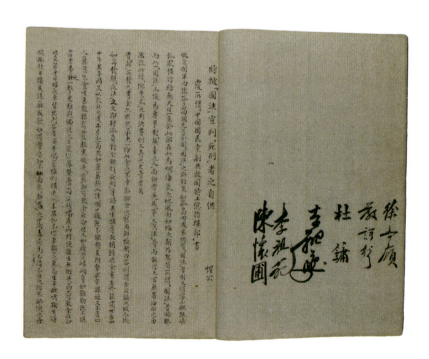

为朱惺公烈士建置墓碑并募集遗属生活费子女教育金捐册（内页）

这份募捐册为线装本，蓝色封面贴有烫金纸，上有毛笔书写："为朱惺公烈士建置墓碑并募集遗属生活费子女教育金捐册 卅六年秋潘公展题"，并盖有红色印章，质地为纸质。

朱惺公（1900—1939），江苏丹阳人。曾任《浙江商报》副刊编辑、《时代日报》特约编辑。1938年任《大美晚报》中文版副刊《夜光》编辑，坚持宣传抗日爱国，抨击汉奸。1939年在上海遭汪伪特务杀害。

朱惺公是一位有正义感的硬汉。1937年11月上海被日寇攻占后，朱惺公在报刊连续发表文章揭露日伪当局的种种残暴统治，在受到威胁后仍毫不畏惧。1939年8月30的下午，朱惺公从盘汤弄（今山西路南京东路）寓所步行去报馆时，突然被76号特务狙击，中弹而亡。

在抗战期间，上海新闻事业从业员殉难者之众多，几超过全国其他各地总数，其死事之惨烈，及其可歌可泣之事迹，为全国人士所钦敬。1947年，上海市新闻界同仁用自己的方式在市商会大礼堂举行上海市新闻界抗战殉难烈士追悼大会，以追悼为正义自由而死难之朱惺公等15位烈士。当时的记者公会常务监事潘公展等人发起了为他修建坟墓的集资活动，希望通过树碑勒石，以为永久纪念。

募捐册开篇是小楷书写的，由潘公展、吴国桢、蒋伯诚等人发起《朱惺公烈士遗族捐启》，后附朱惺公烈士成仁名著《将被"国法"宣判"死刑"者之自供——复所谓"中国国民党铲共救国特工总指挥部"书》［原文刊载于民国二十二年（1933）6月20日《大美晚报》副刊《夜光》］。

募捐册记录了当时来自中国化学工业社、联邦贸易公司、天星化学厂等工厂以及个人的募捐明细，除了当时的币种，还有法币的捐款，足以见得社会各界同情朱惺公烈士的遭遇踊跃献出爱心。这本募捐册记录下了正义的回报。

（薛意雯）

一盏露出地面的明灯

——《文萃》丛刊

《文萃》丛刊第 1 辑（18 cm×13 cm）

《文萃》丛刊第 1—8 辑

　　《文萃》是解放战争时期中国共产党领导下在上海创办的政论性刊物。1945 年 10 月 9 日创刊。黎澍、陈子涛先后任主编。《文萃》初期为文摘。1946 年 7 月转变为时事政治性刊物，主要登载抗战后全国范围内的重要政治文献，介绍抗战期间国民党统治区的主要概况，反映民主主义舆论，报道民主运动。它拥有很强的作者队伍，如郭沫若、茅盾、田汉、许广平等，曾辟"读者投书"栏目，组织读者讨论、点评时局，宣传中国共产党的主张和各民主党派的政见。最高发行数达每期两万余册。龙华烈士纪念馆现存《文萃》丛刊 8 辑，32 开，铅印，第 2 期无封面封底。第 6 期中夹有一张"转形期的战略态势图"。

　　1947 年 3 月，因遭国民党当局迫害，在中共上海地下组织直接领导下，《文萃》代替《群众》成为党的机关刊物。其自第 2 卷第 23 期起，更名为《文萃》丛刊，由原 16 开本改为 32 开本，转入地下秘密出版，封面每期变换，以《论喝倒彩》《台湾真相》《新畜生颂》《人权之歌》《论纸老虎》等名称加以伪装，被称为"唤起民众，组织民众的一面旗帜，激励人们投身革命的号角"。

1947年7月19日，即国民党政府公布《戡平共匪总动员令》的当天，国民党特务逮捕了《文萃》的4名发行人员和1名勤杂人员，查封了承印《文萃》的友益印刷厂；接着又逮捕了从事《文萃》发行工作的负责人吴承德、印刷事务工作的负责人骆何民和主编陈子涛，先后被捕的达40多人。坚持近两年的《文萃》终于被迫停刊。在国民党政府覆灭前夕，陈子涛、骆何民、吴承德先后被害于南京雨花台和宁波薛家山，是为"文萃三烈士"。

1947年，在白色恐怖加剧的上海，《文萃》已不能公开出版，但党需要通过它传播声音。于是当时的主编陈子涛将《文萃》改为32开本小册子的丛刊形式，便于藏在口袋里或夹在书里，再通过秘密发行网送到读者手中。可迷惑了敌人，广大读者又该如何找到《文萃》呢？陈子涛想出很多办法，在前两辑上印"文萃丛刊"，出版者还是文萃社。从第3辑起，只印"第二年第××期"，同时在封面印漫画家米谷画的一个肩扛大笔的小兵作为标记。第4辑在编辑及出版者栏改印"文丛出版社　香港坚道二十号楼下"，国内通讯处是上海1318号信箱。第8辑封面上除原来标记外，又加印一个手握粗钢笔标记在右下角，并把出版者易名为华萃出版社。第9辑用两种封面出版，一种是《论世界矛盾》，配以手握钢笔标记；另一种是《孙哲生传》，配以孙科半身照，在其西装胸袋上有手握粗钢笔标记。

就这样，在敌人的黑暗统治下，《文萃》成了一盏露出地面的明灯，坚持发表抨击国民党反动派、宣传中共主张的文章，其中《论喝倒彩》《台湾真相》《毛泽东论纸老虎》等对唤醒民众意识，揭露当局丑恶嘴脸，指导群众工作起到举足轻重的作用。

1983年，原上海市烈士陵园工作人员在上海书店购买《文萃》丛刊第2、3、4、5、6、7辑，至1984年11月5日又在该书店购买第1、8辑。1993年，随原上海市烈士陵园资料室并入龙华烈士陵园筹建办，由龙华烈士纪念馆保存。

（傅旭雨）

文化尖兵不灭的热血

——陈子涛狱中送难友的大衣

1947 年陈子涛狱中送难友的大衣（总长 103 cm）

这件大衣是 1947 年冬陈子涛送给同狱难友杜青禄的。大衣为小翻领，领口有一对揿钮。暗衣襟，左右对襟各有五个扣眼，后襟开叉，可两面穿，一面灰黄色人字呢，另一面米黄色布，两面各有两只斜插口袋。人字呢面左、右袖口装饰襻上各有一粒纽扣。右襟有三粒纽扣，两粒深咖啡色，一粒米黄色。

166

陈子涛（1920—1948），广西玉林人。1939年任《广西日报》采访部副主任。1944年任《华西晚报》编辑。任职期间，积极撰文揭露社会黑暗，支持学生运动。1946年到上海任《文萃》主编。次年加入中国共产党，参与《文萃》丛刊秘密出版发行。1947年7月23日被捕，在狱中饱受酷刑，1948年12月27日在南京雨花台牺牲。

1947年，时任《文萃》主编的陈子涛在印刷《文萃》第10辑的富通公司被敌人逮捕，当晚即被押送到亚尔培路2号特务机关。其间，陈子涛被施以各种酷刑却始终不屈服，使得特务妄图通过严刑逼供就能破坏中共上海地下组织的幻想破灭。刑讯后，陈子涛被拖进牢房，难友问他时，他总淡淡地答一句"没有什么"。

酷刑拷打后，特务一无所获，陈子涛遂被转押至蓬莱监狱。陈子涛自知牺牲在所难免，却仍乐观地在狱中不断学习英文，与难友说笑、讲故事。在牢房中，陈子涛认识了同狱室难友杜青禄。杜青禄在上海办报，于1947年9月被捕。腊月里，杜青禄衣着单薄又无人探监，陈子涛将自己穿着的大衣送给他御寒。1948年4月14日晚，陈子涛被押往南京，留下了大衣及两本英语书。12月27日深夜，敌人将陈子涛活埋于南京雨花台。

1949年杜青禄出狱时，将大衣带出，长期保存，历经"文革"和几次搬家，一直珍藏在身边。1994年，杜青禄将其捐赠给上海市龙华烈士陵园筹建办。这件大衣对杜青禄具有临别托付的意义，也是陈子涛留存于世的重要文物。

（傅旭雨）

黑暗中的星光

——虞键的刻印钢板

20 世纪 40 年代虞键刻印材料所使用的钢板（7.5 cm×34.5 cm）

这块钢板是 20 世纪 40 年代中国农工民主党上海市委员会主要负责人虞键刻印宣传材料用的。该钢板为长方形，左右各有两处半圆缺口，上面有若干杂乱字体。

虞键（1920—1949），浙江诸暨人。1937 年后投身抗日救亡运动。1946 年参加中国农工民主党，先后任农工民主党华东局委员、上海市党部主任委员等职。1949 年 4 月因策反国民党军队事泄被捕，5 月 21 日就义于上海宋公园（今闸北公园）。

虞键出身佃农家庭，曾考入省立中学，终因家贫辍学。失学后的虞键好学不倦，勤勉有加，而且练就了一手漂亮的毛笔字，为以后在革命生涯中写文章办报、刻蜡纸奠定了良好的基础。

抗日战争时期，虞键在抗日敌后根据地的宣传机构担任通讯社社长和总编辑，就在那时学会了刻蜡纸的手艺。当时出版条件简陋，两架手推油印机以及钢板、铁笔和蜡纸，就是全部印刷设备。其程序是将蜡纸垫在专用钢板上，再用铁笔一字一画刻写出事先设计好的稿子。虞键在做这项工作时，刻印的力道均匀，字迹端正，成品格外漂亮。

1946 年虞键来到上海，加入了中国农工民主党；1948 年 5 月，接任代理上海市党部主任委员，配合中国共产党做了许多统战工作。为了尽快传递各方面的消息，虞键亲自负责党刊的编印工作，常常通宵达旦地收集信息，编撰文章，也是用蜡纸、钢板、油墨完成刻版印刷，随即装订分发，很快就秘密传递到各党员手中。党刊中曾刊载了中共中央文件、毛泽东和朱德等人的著作等重要材料，推动了反蒋统战的革命舆论宣传工作。

农工民主党在舆论宣传上的这些工作不可避免地引起国民党特务的注意。1949 年 4 月 5 日，虞键与农工民主党党部负责人开会商议如何进行地方武装的策反工作时一起被捕，5 月 21 日便在解放上海的隆隆炮火声中牺牲。

这块钢板是虞键刻蜡纸曾用过的，是虞键革命生涯的见证。在他牺牲后，由他的夫人、革命道路上的同志孟亚菲保存，后来捐赠给龙华烈士纪念馆。

（鲍晓琼）

一份珍贵的宣传材料

—— 虞键刻印的《目前形势和我们的任务》

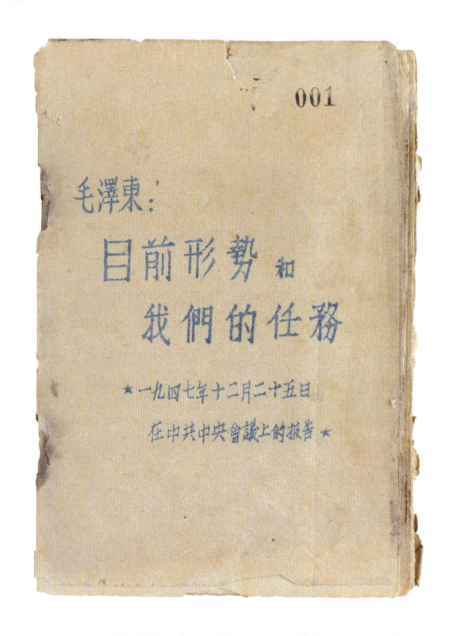

1947 年 12 月虞键刻印的《目前形势和我们的任务》（12.5 cm × 9 cm）

  这本小册子是虞键通过收听解放区的广播和地下组织提供的资料刻写油印而成，用以对农工民主党党员进行形势宣传教育。它用蓝色油墨印刷，封面上印有"毛泽东：目前形势和我们的任务　一九四七年十二月二十五日在中共中央会议上的报告"字样。右上角印有编号"001"，页数从第 7 页至 45 页。

1946年，虞键来到上海，投靠舅父李士豪——中华民族解放行动委员会中央执行委员。通过李士豪，虞键找到了新的战斗方向，于是毫不犹豫地加入中华民族解放行动委员会的爱国民主运动当中，矢志为民族解放奉献自己的全部力量。1947年2月，该会更名为中国农工民主党（以下简称"农工党"），再次明确提出以社会主义为农工党的奋斗目标，加强与中国共产党的全面合作。

　　1947年12月，中共中央召开扩大会议，为准备夺取全国胜利，分析和总结全国形势。毛泽东在会上作了题为《目前形势和我们的任务》的报告，阐明了人民解放战争转入战略进攻后，党的最基本的政治纲领，提出人民军队的十大军事原则，指出中国共产党需要在全国人民面前鲜明地宣布新中国的基本经济政策——新民主主义革命的三大经济纲领，并且强调党的队伍整顿和建设。它成为"整个……建立新民主主义中国的时期内，在政治、军事、经济各方面带纲领性的文件"。

　　在严密监视和残酷镇压之下，农工党的活动被迫转入地下。虞键当时在农工党内负责党刊编印工作，为了尽快传递中共方面的信息动态，经常通宵达旦地编印材料。这份珍贵的文件就在这样的情况下，由虞键组织刻印，向党内传递。

　　虞键牺牲后，该宣传单册存放在中国农工民主党上海市委员会的档案中。1993年农工党委员会全体主委经过研究讨论，决定将它捐赠给上海市龙华烈士陵园筹建办。这是一份各民主党派与中国共产党真诚合作的明证，历经时间的沉淀而更显珍贵。

（鲍晓琼）

照耀着黎明前海洋的灯塔

——《学生报》

上海市学生联合会机关报《学生报》
（35.5 cm×25.5 cm，34.5 cm×24.7 cm，25.4 cm×18 cm）

　　这组《学生报》共六份，分别是 1948 年 1 月 20 日出版的油印版、1948 年 2 月
16 日出版的油印版、1948 年 3 月 1 日出版的油印版、《三·二九大会回顾》专刊油
印版、1948 年 4 月 13 日出版的油印版以及 1948 年 5 月 20 日出版的铅印版。

　　《学生报》为上海市学生联合会机关报。1947 年的"五二〇"惨案后，为了进
一步统一和加强上海学生的革命斗争，迎接革命新高潮，上海地下党学委决定成立
上海市学生联合会。1947 年 5 月 31 日，上海市各大中学校代表齐集枫林桥上海医
学院，正式成立上海市学生联合会，并决定出版学联机关报——《学生报》。同年

6月1日,《学生报》正式在上海创刊,开始为8开两个版面的铅印小报,每三天出一期,每期近万字。《学生报》辟有"通讯""小论坛""学运动态""理论学习"等栏目,在中共上海地下党学委领导下,宣传介绍中国共产党的革命理论和方针政策,报道上海各校学生的斗争与全国各地学生运动的情况,介绍学生运动经验,传播中国人民解放军作战消息。其在指导上海学生进行反饥饿、反内战、反迫害的运动中起了重要作用。1947年10月以后,由于国民党当局查禁,《学生报》被迫改为油印(偶有几期铅印),基本上每周一期,发生重大事件时,一周出两期,每期最多要印万份,由严庚初等人负责发行。1949年4月,中共上海地下组织决定成立上海市人民团体联合会,出版人民团体联合会的机关报《上海人民报》。为了集中力量,党组织决定停止出版《学生报》。

严庚初(1924—1949),浙江上虞人。南洋中学毕业后考入中国新闻专科学校,阅读进步书籍,参加革命活动。1945年加入中国共产党,负责中共上海地下学委主办的刊物《学生新闻》《青年知识》和上海学联主办的《学生报》的出版发行工作。1948年10月26日被捕后,敌人从他身上搜出了《一九四七年学运大事记》底稿,上面还有他改动的笔迹。敌人对这个意外的"收获"欣喜若狂,宣称"匪共学联学生报之破获,对于整个学联之工作遭受打击颇大"。为进一步掌握《学生报》和学联党组织的信息,敌人对严庚初施用了种种酷刑,上"老虎凳"、灌辣椒水,甚至将尖头竹签戳进他的手指,但严庚初依然咬紧牙关,只字不吐。在狱中,严庚初还发现了《学生报》两个成员,为了保护同志,他尽力将相关情况往自己身上拉,不泄露同志的信息。1949年5月7日,严庚初等被敌人押送至浦东戚家庙。在敌人密集的枪声中,他献出了年轻的生命。

这组《学生报》由缪雯收藏。据缪雯回忆,当年她在上海市立女子师范就学时,曾与严庚初一起创办《学生报》。1948年10月,严庚初被捕后,组织通知缪雯转移,她就带着部分《学生报》转移至家乡无锡,将这些《学生报》隐藏在自家阁楼的夹缝里,而其中一份《三·二九大会回顾》专刊的题目"三·二九大会回顾"几个字还是严庚初亲手写的。缪雯1954年从无锡取出《学生报》后一直珍藏身边,直至1995年4月捐赠。

(沈申甫)

永不褪色的鲜艳

——王慕楣生前佩戴的围巾

王慕楣生前佩戴的围巾（99 cm×21 cm）

这条围巾是上海申新九厂女工烈士王慕楣生前所佩戴的围巾，橘黄色，两端装饰流苏，鲜艳的色彩展现了烈士赤诚的革命热情。

王慕楣（1930—1948），浙江杭州人。1946 年进入上海申新九厂做工。其间积极参加厂夜校读书活动和进步文艺活动。1948 年"二二"斗争中，参加工人纠察队和歌咏队活动，在斗争中牺牲。

上海申新九厂是中国第一家机械棉纺织厂，其前身为李鸿章于 1878 年主持筹建的上海机器织布局，同时也成为近代棉纺织工业规模最大的民族资本企业。1931 年，该厂被国内纺织巨头荣氏家族收购，更名为"申新纺织九厂"。全盛时期，申新九厂有员工 7000 多人，纱锭 10 余万只，织布机 800 多台，还有线锭、气流房等各类专业纺织设施。

1948 年 1 月 30 日，申新九厂的 7000 多名职工齐集厂内，为了反饥饿求生存，在中共地下组织的领导下，举行罢工，高呼"争取年奖不打折扣，按时发放配给品"的口号。王慕楣与其他工友们纷纷响应，积极参加罢工活动。她们走到马路上张贴《告全上海工友书》，呼吁各界声援。2月2日晨，1000多名国民党军警突然包围工厂，继而又控制该厂的第一、二道铁门，工人纠察队被迫退守到第三道铁门。王慕楣始终坚守纠察岗位，和工人们一起，以第三道门、饭厅屋顶为阵地，以竹片、木棒、饭碗、大铁棍、消防龙头等为武器与之对峙，击退了军警的多次进逼。双方对峙到下午4时，市警察局长悍然下令动用装甲车冲入厂内。中共地下党员带领一批女工，手拉手筑起一堵人墙，以迫使装甲车后退，但装甲车竟惨无人道地朝人墙冲来，大批工人被撞倒在地，王慕楣当场牺牲。冬日的上海，寒风还未消散，王慕楣就这样献出了自己年轻的生命。王慕楣牺牲后，中共地下组织在小包间为她举行了简短的默哀悼念仪式，在她的身上发现了为群众教唱的歌词："起来，起来！我们都是工人。起来、起来、我们都是工人。我们要配给品，我们要生活保障，我们要团结，我们要斗争。"下午5时许，淞沪警备司令宣铁吾赶到现场，命令军警投掷催泪弹和开枪射击，女工蒋贞新、朱云仙也英勇牺牲，史称她们二人为"申九三烈士"。

此围巾为王慕楣生前一直佩戴的围巾。王慕楣牺牲后，其兄王慕棠整理烈士遗物时找到此条围巾，后交予妹妹王慕桢珍藏。中华人民共和国成立后，这条围巾又被王慕桢转赠给侄女即王慕棠的女儿，希望后代能够以此纪念烈士。王慕桢得知上海市龙华烈士陵园筹建办广泛征集烈士遗物后，受家人委托于1994年将此物捐赠。

（于海燕）

信念的见证

——王孝和狱中使用的毛毯

王孝和狱中使用的毛毯（188 cm×137 cm）

　　这条毛毯是 1948 年王孝和被捕后，妻子忻玉英送到狱中给受重刑的王孝和使用的。毛毯为羊毛质地，军绿色，边缘绣有"王佩琴"（王孝和之女）字样，边角有"NCNH"红色字样。经核查，毛毯购回时此字样已存在。

　　王孝和（1924—1948），浙江鄞县人。1941 年加入中国共产党。1943 年由党组织安排进杨树浦发电厂工作。1946 年参与上海电力公司工人九日八夜罢工斗争。1948 年任上电工会常务理事、党团书记等职，多次为维护工人利益，领导工人与厂方斗争。1948 年 4 月被国民党当局逮捕，以监狱与法庭为战场揭露国民党的罪恶。同年 9 月于上海就义。

　　1948 年 4 月 21 日，王孝和被淞沪警备司令部稽查大队逮捕关押，后又被关在警备司令部军法处看守所和特刑庭看守所。敌人对他施以"老虎凳"、磨"排骨"、灌辣椒水、电刑等酷刑，但他不为所动，并义正词严地驳斥反动当局的无耻谎言，把法庭当作揭露国民党反动派的战场，还不断鼓励狱中战友继续斗争。

　　毛毯为王孝和与忻玉英在上海结婚时从当时的跑马厅购置的，是美国处理的军用物资。在王孝和受尽酷刑的情况下，忻玉英利用探监的机会将毯子送到提篮桥监狱，给身躯备受摧残的丈夫使用。它伴随着王孝和度过艰苦的狱中生活，给他带去慰藉和平静。这条毛毯见证了王孝和在狱中的最后斗争和生命的最后时刻。后忻玉英将毛毯从监狱取回，继续保存，辗转再由大女儿王佩琴带到寄宿学校使用。1994 年 10 月 19 日，忻玉英将毛毯捐赠给龙华烈士纪念馆。

（傅旭雨）

指引青年的旗帜

——《新青联丛刊之八——文告与口号》

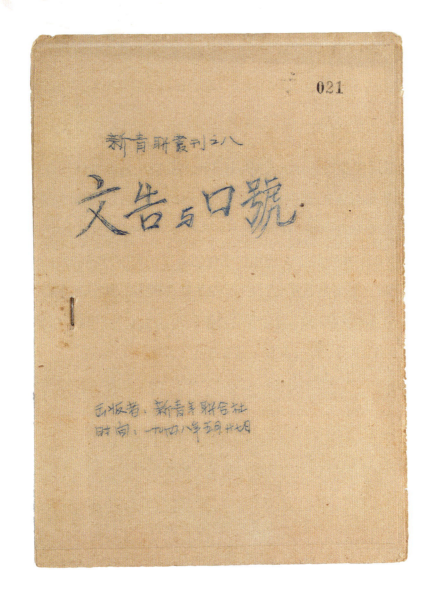

1948 年 5 月 27 日新青年联合社出版的《新青联丛刊之八——文告与口号》(19 cm × 13.5 cm)

这本刊物是 1948 年 5 月 27 日由赵寿先主编、新青年联合社出版的《新青联丛刊之八——文告与口号》。刊物为手刻，蓝色油墨油印刷。封面上方印有"新青联丛刊之八、文告与口号"，下方印有"出版者、新青年联合社、时间：一九四八年五月二十七日"。右上角盖有"021"数字，共 18 页。

赵寿先（1923—1948），江苏扬州人。在中央大学读书期间先后加入中国民主同盟和中国农工民主党。1947年于上海高级机械学校任教期间加入中国共产党。同年底任农工民主党上海市党部青年工作委员会主任、新民主主义青年联盟主任委员，配合上海市学联开展青年运动。1948年10月因"利群书报案"被捕，11月21日牺牲。

1947年年底，赵寿先任上海市农工民主党市委青年委员会主任，专门从事青运工作。为了广泛团结进步青年，发展共产党的力量，党组织决定成立"新青联"（即新民主主义青年联盟），赵寿先任"新青联"主任委员。"新青联"的主要成员是各大、中学的在校学生和部分职业青年，组织发展很快，成员很多，在赵寿先的领导下，积极配合地下学联开展活动。上海的进步青年在"新青联"组织下，迅速发展为青运工作的重要力量。《新青联丛刊》也是中共与各民主党派合作的重要见证。

1948年年初，为了适应形势，广泛宣传党的政策，由赵寿先担任主编，秘密出版的《新青联丛刊》先后共出了十几期。为了及时宣传解放战争胜利发展的形势，赵寿先买了一架可以收听短波的收音机，经常将收听到的解放区的广播，编为时事述评刊登在《丛刊》上。《丛刊》经常刊登毛泽东的文章和中国共产党的方针政策。1948年5月27日出版的《新青联丛刊之八》，就全文登载了毛泽东《在晋绥干部会议上的讲话》；还刊登了旧金山及香港电讯：中共"五一"劳动节口号和各民主党派、人民团体及社会贤达一致通电拥护中共"五一"节口号，召开民主联合政府的两个电文。

1993年7月，上海市龙华烈士陵园工作人员获悉在中国农工民主党在上海市委员会的档案中存有一批烈士遗物，经协商及农工上海市委全体主委研究，决定将这本刊物捐赠。

（傅旭雨）

永不消逝的电波

——李白修理电台的工具箱

20世纪40年代李白修理电台的工具箱（31.5 cm×39.2 cm×31.5 cm）

这是20世纪40年代李白修理电台时所使用的工具箱，木质本色，无盖。

李白（1910—1949），湖南浏阳人。1925年加入中国共产党。1930年参加红军，次年参加无线电训练班，先后任师、军团无线电队政委，并参加中国工农红军长征。抗战开始后在上海从事与中共中央的通讯工作，先后设置六处秘密电台，曾三次被捕。

1930年李白参加红军后，被分配在第四军做宣传员；1931年6月被选派参加第二期训练班，年末受命到五军团十三师任无线电队政委。在第四次反"围剿"中，李白调任五军团无线电队政委。

1937年七七事变后，全国抗日民族统一战线的局面逐步形成。党中央计划在南京设立公开的通讯电台，中央军委三局决定派遣李白去担任报务工作。

抗日战争进入战略相持阶段后，李白除收发密电外，还抄收新华社的电讯。这一时期。李白抄收了毛泽东撰写的《放手发展抗日力量，抵抗反共顽固派的进攻》《揭破远东慕尼黑的阴谋》《团结到底》《关于反法西斯的国际统一战线》等重要文章，还有中央对沦陷区人民抗日斗争的指示以及八路军、新四军抗击日寇的战况。

1941年1月，国民党制造了"皖南事变"，掀起第二次反共高潮。他们在空中增加干扰，阻挠党中央与西安、重庆八路军办事处的通讯联络，上海与延安的通讯也受到了影响，李白接受党中央指示立即将"皖南事变"真相电告全国，并不断揭露国民党反动派不顾民族危亡，袭击新四军的罪行。

抗日战争胜利后，他受党组织委派来到上海开设电台，从此长期战斗在敌人心脏里，低矮狭小的阁楼变成了他的战场。一天又一天，他将一份份情报发送到中央。三伏酷暑，他豆大的汗珠不断渗出；三九严寒，他受冻的身躯颤抖不已，但红色电波从未消逝。

1948年秋，解放战争进入战略决战阶段。为配合解放战争的开展，夺取全国胜利，一份份标着"十万火急""万万火急"符号的情报由李白发给党中央。1948年12月30日凌晨2时半，国民党淞沪警备司令部稽查处第二大队派人埋伏在李白住所周围，并挨家挨户搜查，李白不幸被捕。1949年5月7日，李白对前来探监的妻儿说："天快亮了。事到如今，对个人的安危，不必太重视。"这天深夜，李白被押至浦东戚家庙秘密枪杀。

在上海市龙华烈士陵园筹建时期，工作人员走访了李白烈士的亲属。李白烈士的儿子李恒胜还保存着母亲交给他的父亲用过的一只木箱。李恒胜介绍说，母亲曾告诉他，父亲会做些简单的木工活。这只木箱，是父亲抗战胜利后到上海搞电台工作时（20世纪40年代中后期）亲手制作的，用于放置电讯修理工具，原有的箱盖已坏，拿掉了。李恒胜将几经搬家后保存近50年的工具及工具箱捐赠。

（马振宇）

红色电波的回响

——秦鸿钧修发报机的工具

20 世纪 40 年代秦鸿钧修发报机的工具

（旋凿：14 cm；电烙铁：28 cm；焊锡盒：7.5 cm×9.2 cm×1.8 cm）

这是 20 世纪 40 年代秦鸿钧修发报机使用的工具，包括旋凿、电烙铁、焊锡盒。其中旋凿为金属质地，电烙铁由烙铁和木质手柄两部分组成，焊锡盒由药盒改装而成。

秦鸿钧（1911—1949），山东沂南人。1927 年加入中国共产党。参加过莒沂农民暴动。1932 年成为中共沂南地区主要领导人之一。1936 年赴莫斯科学习电讯技术。回国后负责在上海、哈尔滨设立电台。1940 年在上海设立秘密电台并任报务员，多次往返上海和苏北解放区，连接上海与解放区的电台通讯。

秦鸿钧是一名出色的交通联络者。1937年，党根据城市地下工作的需要，派秦鸿钧到上海建立一座秘密电台。每当夜深人静，人们都在熟睡时，正是秦鸿钧集中精力工作之时。

抗日战争胜利后，国民党一方面高唱和平建国的高调，另一方面加强对人民的严密控制，白色恐怖又重新笼罩上海。国民党在上海还建立了严密的侦控系统，对中国共产党的地下电台加强了侦察。这样，秦鸿钧工作就更加艰难了。

1947年年底，国民党反动派的白色恐怖愈演愈烈，秦鸿钧除了要排除机器破旧而造成的故障外，还必须不时地排除反动军警、特务的侦察干扰。低矮狭小的阁楼是他的战斗阵地，收发报机则是他手中的武器。每当机件发生故障，秦鸿钧自己动手，使用旋凿、电烙铁和焊锡盒等工具来排除故障，直至电台接通，将一封封重要情报发给党中央。这些检修工具曾起到保障秘密电台正常运行的作用，是秦鸿钧从事革命活动的见证物。

1949年3月17日深夜11时，十几个特务破门而入，阁楼上的秦鸿钧立即发出最后一组电文，并通知对方停止发报。接着就以最快的速度拆毁了机器，烧毁了刚收下的电文，然而秦鸿钧及妻子还是被国民党逮捕了。1949年5月7日深夜，秦鸿钧被敌人押到浦东戚家庙附近秘密杀害。

1996年，秦鸿钧的妻子将秦鸿钧生前在上海检修收发报机时使用过的旋凿、电烙铁和焊锡盒捐赠给上海市龙华烈士陵园。这份珍贵的检修工具彰显着秦鸿钧烈士生前在十分恶劣的工作环境中，一直保持着坚定的革命信念。

（马振宇）

壮志未酬物长存

——张权的通讯录、军用指北针和对笔

张权通讯录（封底）（12.5 cm×8 cm）

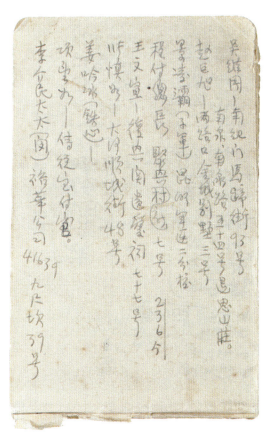

张权的通讯录（内页）

张权的军用指北针（口径 5 cm）

张权的军用对笔（对笔纵 10 cm, 纸盒 17.6 cm×8.5 cm×2.1 cm）

张权的军用对笔

这是张权使用过的通讯录、军用指北针和对笔。通讯录无封面，封底为黑底红黄花纹。张权于20世纪40年代初开始使用这本通讯录，从重庆到南京再到上海，里面是张权手书的人名、住址等，其中有国民党国防部长、中共联系人以及张权部分同僚的联络信息等。指北针为苏联式样，金属质地，玻璃表面，左上角有拨针器，两端有皮带，可以戴在手上。笔装在纸盒中，盒内另有装着一支半红色粉笔的小盒和一块麂皮。对笔胶木质地，由一红一蓝两支相连，红笔中留有一节红色粉笔。指北针和对笔系张权前往徐州、蚌埠、江阴、长江沿岸一带等地收集情报时随身携带，为绘制国民党长江沿线布防图的重要辅助工具。

张权（1899—1949），河北武强人。早年就读于保定陆军军官学校，后留学日本。北伐战争时曾任国民革命军第六军十九师少将师长。抗战期间曾任陆军战车防御炮教导总队中将总队长，并与中共建立联系。抗战胜利后，任国民党太湖警备司令、国民党军后勤总部中将视察员等职，为中共开展情报收集和策反工作。解放前夕任上海起义军司令，因事泄被捕。1949年5月21日在上海被害。

张权怀抱一颗救国心参加部队战斗，但是国民党的政策以及军队之间的相互倾轧使他愤懑不已。

北伐战争时，张权升任国民革命军第六军第十九师少将副师长。当时第六军党代表兼政治部主任是共产党员林伯渠，在共事中张权逐渐对共产党有了深入了解。1927年大革命失败后，张权便经常吐露拥护共产党的思想。

抗战爆发后，张权以其专业才能出任炮兵第五十四团团长、陆军战车防御炮教导总队队长，并提升为中将。该部队驻扎四川时，在重庆设有办事处，办事处不远便是八路军办事处和中共南方局机关所在地，周恩来、董必武等中共领导人就在那里办公，经常邀请张权一起谈论团结抗日的主张。张权对周、董等中共领导人十分佩服，从此一直与中共保持着联系。

抗战胜利后，中国很快又陷入了内战的漩涡。早就倾向中国共产党的张权，此时接受了中共地下组织的建议，积极配合在上海地区开展策反工作，并接受了全面了解华东前线国民党兵力部署的任务。张权以后勤总部检查团团长的身份，先后到济南、徐州、南京等地收集各地兵力配备、武器装备等军事情报。

渡江战役前夕，解放军迫切需要掌握长江沿线国民党军事部署情况，张权再次接受了中共地下组织的委托，立即去视察江阴要塞和长江沿岸，将布防情况从整体

英雄壮歌

龙华烈士纪念馆

馆藏精品文物集萃

到各个据点全数记下，巨细无遗。回到上海后，他立即到中共地下组织联系人王亚文的住处，用了三天三夜的时间将记录在小纸片上的情报绘制成一幅完整的《长江沿线布防图》，并迅速转递到了解放军前线指挥部。

随着解放军的节节胜利，张权被任命为上海起义军司令。为了使起义计划顺利实施，他多次巡视吴淞要塞以及大场、宝山、月浦、真如等防区，并在回到住处后连夜赶写资料，画成简图，及时向人民军队提供有价值的情报。

经过缜密的计划和筹备，张权负责的行动约定 1949 年 5 月 16 日为起义时间。然而，就在起义前一天的傍晚，由于叛徒的出卖，张权被捕了，即将实现的大规模有组织的起义行动因此而遭到挫折。

张权被捕后坚不吐实，将所有罪名揽在自己身上。5 月 21 日清晨，张权再次受审后被五花大绑，嘴里塞上棉花，背上插着"银牛"字样的纸牌，被押送至南京路上当街处决。

张权牺牲后，他的通讯录、军用对笔和指北针留在虹口的寓所内，后保管者将它们捐赠给国家。在龙华烈士纪念馆的展厅中，这些遗物向观众们讲述着中华民族的仁人志士为革命胜利作出的巨大贡献。

（鲍晓琼）

同心勠力报国邦

——曾伟起草的致农工中央报告抄件

20 世纪 40 年代曾伟起草的致农工中央报告抄件（20.2 cm × 26.7 cm）

　　这份文件是 20 世纪 40 年代曾伟起草的致农工中央报告抄件。报告抄件共两张，以圆珠笔书写，左侧用胶水黏合。抄件后附有一张用黑墨水与铅笔书写的说明。

　　曾伟（1912—1949），广东惠州人。1945 年任中国民主同盟中央组织委员会委员，并参与筹建民盟港九支部。1949 年任农工民主党中央执行委员会委员、农工民主党中央组织部副部长等职，并负责指导农工民主党上海市党部工作。同年 4 月因策反国民党军队事泄被捕。5 月 21 日就义于上海宋公园（今闸北公园）。

　　1946 年 5 月，中华民族解放行动委员会中央由重庆迁回上海。由于曾伟的卓越工作表现和旺盛的革命精力，年底被组织调到当时的爱国民主运动的中心上海，参与中央的工作。1947 年 2 月，解放行动委员会在上海召开第四次全国干部会议，会上改党名为"中国农工民主党"，曾伟当选为中央执行委员会委员，兼任中央组织部副部长。会后第二天成立了农工党上海市党部，中央指定曾伟兼任主任委员。从此，曾伟为恢复和发展上海和华东的农工党组织，开展爱国民主运动而不遗余力地工作。

虽然远离家乡和亲人，但上海是民主力量与国民党反动派斗争的前沿，能和诸多德高望重的民主党派领导人一起为国家的命运和前途携手抗争，曾伟觉得这里正是他可以大显身手的地方。他肩负着农工党中央和上海党员的众望，不顾工作和生活上的艰难，日夜为革命而奔波，积极开展革命宣传活动，发动工人、学生参加反独裁、反内战，争取和平的运动并广泛联系各界进步人士，与中共地下组织领导人经常往来，密切合作。

曾伟从农工党十多年坎坷发展的道路中，认识到民主党派只有与中共团结合作才符合中国革命的利益。他在农工党内正式提出中国革命应接受无产阶级的领导，把这些观点编成小册子，作为农工党员思想政治教育的教材，澄清了一些同志的模糊观念，指出中国革命只有在无产阶级领导下，才能取得胜利。曾伟的这些工作对农工党能在民主革命时期坚持与中国共产党风雨同舟、团结战斗起到了积极作用。

在这份农工中央报告抄件中，记录着新时代下农工党人的思考与实践："吾人益生本党责任重大，为推动革命事业进展，为本党前途计，必须作彻底的检讨批判"，并多次强调"本党以反帝反封建为基本革命任务，以农工平民为基础"。在新时代的形势之下，"根据上述立场原则，对外宜诚心诚意团结中共及社会主义党派及友人。对于右倾朋友，宜加以教育改造，此方为团结正确方针"；在内部建设上，"对内要有制度，所谓有制度，即为通过组织路线建立机构。革命党要强调民主集中制，即有领袖之外，也须要有健全的集体领导制度"；对于各地组织则要"着手恢复加强各省市县的地方党组织"，并认为"'新政协'的提出，是人民力量强大胜利的形势下产生的"。

这份由曾伟起草并亲笔抄写的代表中国农工民主党上海市委员会向农工党中央汇报工作情况的信件抄件，蕴含着他们那一批农工民主党人经过实践的检验而凝聚的智慧与思考，其中便有对于革命思想的进一步认识，既阐述了澄清思想破除迷雾坚持无产阶级协作历程，也描述了与中国共产党于民主革命斗争中的团结战斗。

这份曾伟起草的致农工中央报告抄件原存放于中国农工民主党上海市委员会的档案中。1993 年经农工上海市委全体主委的研究，决定将这份抄件连同一批中国农工民主党上海市委员会档案里的烈士遗物，共同捐赠给上海市龙华烈士陵园。

（马振宇）

响遏行云　人民的发声

——陈仲信所在学校的"人民宣传队"臂章

1949年陈仲信所在省吾中学的"人民宣传队"臂章（19 cm×10.5 cm）

　　这件臂章是1949年陈仲信所在省吾中学的"人民宣传队"臂章。蓝色龙头细布，臂章无字部分被裁剪。四周为毛边，上面字迹为"上海人民团体联合会、人民宣传队学字　第251号"，均由黑色油墨印刷，中间印有黑色印章，"学"和"251"分别用毛笔写。

　　陈仲信（1929—1949），上海人，是上海解放前牺牲的最后一名中共地下党员。1946年加入中国共产党。1948年就读于省吾中学，任中共学生党支部组织委员。1949年任人民保安队长宁区指挥部第二大队大队长，投身迎接上海解放工作。同年5月25日遭国民党残敌枪击牺牲。

　　1949年初春，为了适应迎接上海解放的革命形势，中共上海地下党组织决定选派部分学生党员到工人群众中去工作。陈仲信带领几名党员和积极分子进入省吾夜校，兼任夜校党小组负责人。他在启发夜校工人学生政治觉悟方面做了许多工作，向工人剖析受苦受难的根本原因，把矛头指向地主、官僚资产阶级的代理人——国民党反动派。在提高阶级觉悟的基础上，夜校党小组在这批学生中发展了一批工人协会的会员。

上海解放即将到来之际，中共上海地下组织为了配合人民解放军解放上海，组织了"人民宣传队"，一方面收集资料，将新华社的广播及外文报刊上有关中国政治、军事情况的报道和评论等进行汇总；另一方面着手编写宣传材料，将整理的资料分门别类写成针对不同对象的宣传材料，交给"工协""职协""教联"等组织。陈仲信以夜校教师身份与附近各工厂的工人协会取得联系，在会员中发展人民保安队员。他还多次深入保安队员所在的工厂，检查落实工人们秘密制造、收集自卫武器的工作。人民保安队长宁区指挥部成立后，陈仲信被任命为第二大队大队长。他夜以继日、不知疲惫地投身于迎接上海解放的准备工作。

1949年5月24日晚，人民保安队长宁区指挥部根据市郊战况估计，解放军可能在25日凌晨攻进市区，于是向保安队、宣传队干部发布命令：发现解放军进入市区，立即到集合地点待命。当晚，陈仲信与一批护校同学一起住在校内。25日清晨，解放军已在曹家渡一带搜索残敌，陈仲信即骑自行车赶往静安寺附近的圣约翰大学校友联谊社报到；当他被告知领导同志已去设在圣约翰大学的指挥部时，又立即驱车前往。

却不想从沿苏州河南岸的梵皇渡路（今万航渡路）向东前往圣约翰大学的道路，由于是从西南郊进入市区的解放军向北渡河歼敌的重要通道之一，因此敌人早已在对岸用火力封锁这一路段，妄图阻止解放军渡河北进。当陈仲信途经这条道路前往指挥部时，遭到埋伏敌人的枪击而牺牲。

陈仲信是上海解放前夕牺牲的最后一个中共地下党员。他为了上海人民的解放，和解放军的英烈们一起，把鲜血洒在同一个战场上。陈仲信所从事的人民保安队、人民宣传队工作对国民党军政人员的分化和动摇，起到了巨大作用。

为了纪念陈仲信烈士，其生前所在学校省吾中学把他的事迹和"人民宣传队"臂章收藏在该校档案室中。1994年6月，上海市龙华烈士陵园筹建办工作人员赴省吾中学，了解到该校档案室保存有"人民宣传队"臂章，即表征集意向。1994年11月，省吾中学将此臂章捐赠给上海市龙华烈士陵园筹建办。

（马振宇）

定格在黎明之前

——利群书报社案《七烈士纪念册》

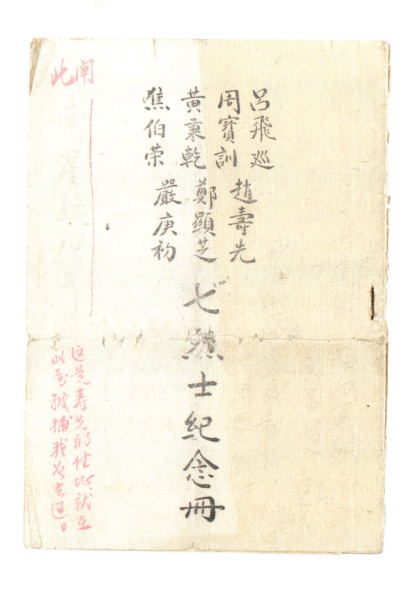

《七烈士纪念册》(18.3 cm × 13.2 cm)

英雄壮歌

《七烈士纪念册》（内页）

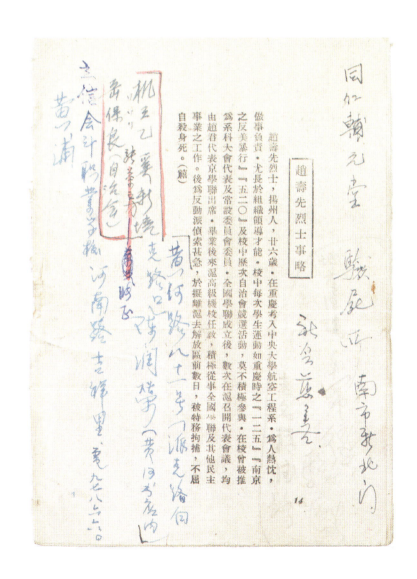

《七烈士纪念册》（封底）

这本册子为利群书报社案纪念册，由大华印刷厂义务印刷，合作印刷厂义务排版。纪念册共 16 页，封面印有"吕飞巡、周宝训、黄秉乾、焦伯荣、赵寿先、郑显芝、严庚初七烈士纪念册"，并有红色钢笔书写字迹"闸北南星路 14 号　这是寿先的住址，就在此屋被捕我曾去过。"及铅笔字迹，封二为目录页。纪念册内容主要分四个部分：第一部分是 7 位烈士遗像；第二部分是遭难经过；第三部分是哀悼七烈士；第四部分是生平事略；封底印有赵寿先烈士事略，并有蓝黑、蓝色钢笔书写字迹。

其中第三部分"哀悼七烈士"悼文中写道：

伙伴们，我们要在这里向你们保证，只要我们还有一口气，我们一定会在中国共产党的领导下为新民主主义革命而作不倦不懈的斗争的。光明一定会战胜黑暗，进步一定会消减倒退的，请你们放心吧，人民解放的伟大事业一定会成功的！朋友们，你们的任务已经完成，余下来的让我们踏着血路继续前进吧！

1948 年 7 月，利群书报社从香港订购一批进步书刊。寄来上海时，被国民党警备司令部稽查处查获。当局就此开展长达半年之久的搜捕。敌人在黄河书店查获大批"学联"的刊物和纸版，并且查到了部分"学联"人员名单。被捕的共产党员、农工民主党成员、进步青年达 200 余人，史称"利群书报社案"。

敌人抓到了他们搜捕已久的革命志士后，额手相庆，以为可以从中打开缺口，一举扑灭上海的学生运动。为此，他们专门发电报到南京，要求派专员到上海参加审讯。敌人用针戳十指，坐"老虎凳"、电椅等各种酷刑，夜以继日地对革命志士进行惨无人道的逼供，但革命者们的意志坚强不可摧毁，未吐露任

英雄壮歌

龙华烈士纪念馆
馆藏精品文物集萃

何秘密。其中，赵寿先、严庚初、周宝训、黄秉乾、吕飞巡、郑显芝、焦伯荣等人先后遇难。

赵寿先牺牲后，其兄长赵遵先多次来沪，纪念册就是在那时所得。2009年赵遵先之子赵训善将其捐赠给龙华烈士纪念馆。纪念册中钢笔、铅笔字迹均为赵遵先亲笔。

（傅旭雨）

共产主义战士的情怀

——彭加木的笔记本

彭加木的笔记本（13 cm×9.7 cm）

196

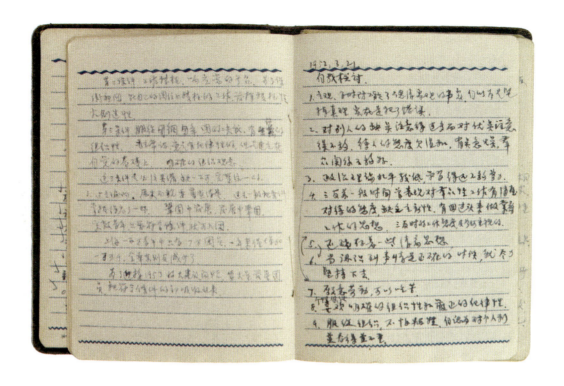

彭加木的笔记本（内页）

　　这是彭加木在 1952 年 3 月 10 日至 7 月 31 日间使用的笔记本。笔记本的外壳为墨绿色，封面左上方印有烫金字"工作与学习"，左下方印有烫金字"上海市学生联合会文化用品供销站"。笔记本首页左侧有"1952.3.10—5.21/7.31 彭家睦"字样。正文用蓝黑色钢笔书写。笔记本后两页是通讯录，记载了部分人员的姓名、地址和电话。

　　彭加木（1925—1980），广东番禺人。曾任北京大学农学院助教。1949 年后任中国科学院上海生物化学研究所研究员。1953 年加入中国共产党。1979 年任中国科学院新疆分院副院长。1980 年 5 月，带领一支综合考察队赴新疆罗布泊考察。6 月 17 日，独自一人到沙漠里找水，不幸被流沙吞没。

　　1952 年，时年 27 岁的彭加木在中国科学院上海生物化学研究所工作，此时的他，风华正茂，朝气蓬勃，以极大的热情积极投身党和国家的事业，在工作中用笔记认真而详细地记录点滴。这本笔记主要涉及彭加木 1952 年 3 月 10 日至 7 月 31 日参加团支部和党支部生活、从事工作及思想状况等方面的内容。

　　在中国科学院上海地区的研究所中，彭加木是第一批被吸收加入新民主主义青年团的团员。从笔记中可以看出，彭加木积极参加新民主主义青年团团组织生活。他基本上每周都要参加一两次团支部生活，参与改选支委、参加团课、学习文件、参加候选人评选等活动。

3月19日，彭加木参加青年团团课，学习《什么人可以加入青年团》，详细记录学习的内容，深入分析作为一名优秀团员应该具备的素质，并在会后做了认真反思。两天后（3月21日），他在笔记本中认真写下"自我检讨"：

1. 主观、有时防不疑了认清客观的事实，自以为是坚持真理，实在是犯了错误。

2. 对别人的缺点注意得过多而对优点注意得不够，待人的态度欠温和，有点急躁，群众关系不够好。

3. 三反前一段时间曾表现对群众性工作有消极对待的态度，缺乏主动性，有回过头来做业务工作的思想，三反时的工作态度及为何重视的。

4. 当认识到事情是正确的时候，就尽力坚持下去。

5. 还残存着一些清高思想。

6. 政治理论水平较低，学习得还不够努力。

7. 愿意劳动，可以吃苦。

8. 个性倔强，喜欢明确的组织性和严正的纪律性。

9. 服从组织，不怕牺牲，自认为对个人利益看得并不重。

1952年3月31日，彭加木在复旦大学参加陈毅市长和中共华东局宣传部长舒同关于思想改造的报告，在笔记本中做了长达10页的详细记录。关于如何扫除思想障碍，彭加木这样记录道：

1. 过关思想。彻底改造自己来过关，而不是混关、□关……

2. 对运动的认识，不能机械。

3. 有人曲解保护政策，强调特殊化。

技术如不为人民服务，则变成无用之物，教条主义狗屎不如。

知识分子如无改造，就不能很好的为人民服务。

4. 丢掉进步的包袱。落后→（改造）→进步；进步→（自满）→保守→落后。

5. 自视清高。

生平三不准三不知，潦倒。

交待无可诉，后悔来贪污。

6. 爱面子，二人以上就不敢说。

阎王可见，小鬼难缠。

公开来往，最好不要学生参加。因年青不懂世故。

要坚决打退旧社会的坏道德。

7. 看清自己的前途，打破顾虑。

就有光明的前途，无限的前途。

千万不可患得患失，须要人材，有出路的。

1980 年彭加木牺牲后，笔记本由其妻夏叔芳女士保存，后捐赠给上海市龙华烈士陵园。

（徐　贞）

永恒的记忆

——饶惠谭的怀表

饶惠谭的怀表（口径 4.9 cm）

　　该精工舍（SEIKOSHA）牌怀表是饶惠谭的遗物，半钢质地，镀黄，银白表盘，短三针，有机玻璃表面。在一圈圈的轮回中，这块怀表伴随着饶惠谭这位英雄军人走过一段可歌可泣的战斗岁月。

　　饶惠谭（1915—1953），湖北大冶人。1933 年加入中国共产党。曾参加淮海战役、解放上海战役等。1949 年任上海警备区公安十六师师长。1952 年任中国人民志愿军二十三军参谋长，率部赴朝鲜参加抗美援朝战争。1953 年在战斗前线牺牲。

　　饶惠谭是一名久经沙场的战士。1927 年，他还是一个不满 13 岁的少年，就加入了共产主义青年团；次年参加中国工农红军。他在第二次国内革命战争时期参与鄂豫皖三年游击战；在抗日战争时期参与了新四军对日军的第一场韦岗战斗、繁昌保卫战，在"皖南事变"中成功突围；在解放战争中参加了苏中七战七捷、济南战役、淮海战役、渡江战役和上海战役等。在 20 多年的战斗生涯中，从勤务员、司号员、普通战士，到排长、连长、营长直至师长及军参谋长，饶惠谭凭借勇敢和智慧，一次次在险恶的战场上赢得胜利，赢得尊敬和荣耀。

1950年，朝鲜战争爆发，中国人民志愿军"雄赳赳，气昂昂，跨过鸭绿江"，用赤子之心在冰雪覆盖的异国他乡，筑起祖国的防卫线。1952年，饶惠谭从华东军区高级干部短训班到朝鲜前线进行见习。回来后的一天，他以严肃、慎重的态度与妻子商量，说二十三军刚入朝，缺少一个参谋长……当时军委对饶惠谭已经有一个新任命——在上海警备区当参谋长。该如何选择？妻子明白丈夫轻易不会对她讲工作上的事情，明为商量，其实意愿已十分明确。1953年年初，饶惠谭离开上海的时候，家里面4个孩子，最大的只有10岁，最小的还不到2岁。1953年3月21日，噩耗传来，饶惠谭到朝鲜前线不久即在敌机夜间空袭中不幸牺牲。

饶惠谭牺牲后，他的妻子杨燕独自担负起养育孩子、照顾双方老人的责任，对丈夫的思念、对丈夫生前荣耀的珍视，支撑着她走过一段又一段艰难的路程；在杨燕退休后，她重访丈夫当年的战友，抱着老病之躯，整理了一本又一本回忆录。

1995年，杨燕将饶惠谭的怀表以及部分遗物捐赠给上海市龙华烈士陵园。这块已经停走的怀表，曾经伴随饶惠谭走过一段艰苦的革命岁月。在分秒必争的残酷战场上，它是指挥作战的得力助手。在陈旧的表层下，是精钢制作的内里，一如它主人的高尚品格。

（鲍晓琼）

怀念与敬意
——周恩来总理赠送石志昂家属的手表

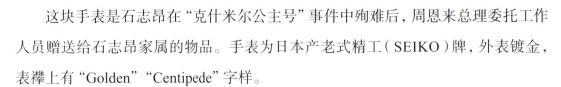

周恩来总理赠送石志昂家属的手表（口径 3 cm）

这块手表是石志昂在"克什米尔公主号"事件中殉难后，周恩来总理委托工作人员赠送给石志昂家属的物品。手表为日本产老式精工（SEIKO）牌，外表镀金，表襻上有"Golden""Centipede"字样。

石志昂（1914—1955），浙江上虞人。1935 年加入中国共产党。1940 年任上海职业界救亡协会中共党组书记。1946 年起，先后在上海和香港成立合众公司，为党筹集资金。1949 年后，历任中国进出口公司华东区公司经理、中国进出口总公司副经理。1955 年，前往万隆参加亚非会议途中因飞机失事遇难。

石志昂是党在经济战线上的一名卓有功勋的老兵。抗日战争爆发后，他担任上海职业界救亡协会中共党组书记，积极进行统战工作和抗日救亡活动。抗战胜利后，面对国民党的日益紧迫的封锁，他克服重重困难，将上海地下党的资金安全转移到香港，为党继续开展经济工作和发展爱国民主统一战线、迎接中华人民共和国的诞生，发挥了不可忽视的作用。中华人民共和国成立后，石志昂奋斗在对外贸易工作的最前沿，为反对帝国主义对我国的"封锁"和"禁运"，为发展我国同东西方国家的正常贸易和友谊作出了卓越贡献。

1955 年 4 月，石志昂随周恩来总理率领的中国代表团迁往印度尼西亚，参加在万隆召开的亚非会议。出发前，他患肺病刚刚痊愈，但仍然欣然接受了这一光荣而艰巨的使命。4 月 11 日，石志昂与代表团其他成员和中外记者乘坐印度国际航空公司"克什米尔公主号"包机由香港飞往雅加达转赴万隆。台湾特务分子买通香港机场的工作人员，在飞机上预先安置了定时炸弹，飞机在抵达雅加达前的空中爆炸，石志昂等人不幸遇难。

"克什米尔公主号"事件发生后，周恩来总理心情异常沉痛，他说："烈士们的光荣姓名，将永远写在亚非各国人民和世界先进人类为和平事业而奋斗的历史上！"次年 4 月 11 日，周恩来总理亲自参加在北京八宝山革命公墓举行的亚非会议死难烈士遇难周年纪念大会和安葬仪式，把烈士们的骨灰安置在墓穴中，并为烈士墓碑亲笔题写碑文，"参加亚非会议的死难烈士公墓"，以表达对新中国外交战士和有关人员的不幸遇难的深切悼念。

此后，对于这批烈士家属的生活，周恩来总理时常牵挂在心，经常帮助一些困难家庭。1957 年，周恩来总理将国际友人赠送给他的这块镀金手表转赠给石志昂遗孀吕雪帷。吕雪帷将手表珍藏了 40 多年，病逝前转交给儿子石建都，叮嘱他要世代相传，妥为保存。

1996 年，在龙华烈士纪念馆筹建征集烈士遗物时，石建都将这块手表捐赠出来用于展陈。他希望观众通过参观，了解中华人民共和国走过的坎坷历程，了解先辈们为祖国的繁荣昌盛付出的沉重代价和作出的巨大贡献。2001 年 9 月，经国家文物局近现代一级文物确认专家组鉴定，确认为国家一级文物。

（徐　贞）

用奉献唱响生命的赞歌

——吕士才的止血钳和皮腰围

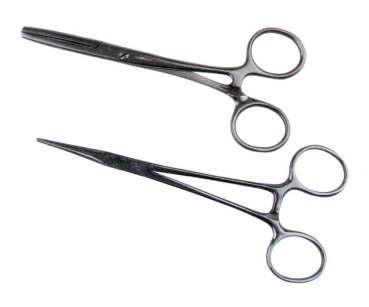

吕士才的止血钳（尖头 14.7 cm×6.8 cm，平头 16 cm×7 cm）

吕士才的皮腰围（周长 86.5 cm）

这是"模范军医"吕士才生前使用的止血钳和皮腰围。止血钳为两把，一把为尖头，另一把为平头。均为不锈钢材质，金属镀铬。皮腰围前后为皮质，左右两侧为松紧布，米色黑色相间，内衬为黑色皮革，松紧布上下两块用线缝制，腰围有3条调节尺寸的皮搭扣。

吕士才（1928—1979），浙江绍兴人。1951年考取上海第二军医大学。1953年加入中国共产党，曾获"优秀青年团员"称号。大学毕业后，任长征医院骨科军医。1978年底，在明知自己的染色体已有癌变特征的情况下，毅然带领一支医疗手术队赴老山前线抢救伤员。战争结束后，他荣立二等功。1979年10月30日，在上海逝世。

1978年底，上级决定派吕士才带领一支8个人的手术队奔赴前线，参加对越自卫还击战。接到命令后，吕士才当即表示："决不辜负组织期望，保证完成任务。"当时他已经患病，经常便血，染色体检验有肿瘤病人癌变的特征，妻子怀疑他有肠癌的可能，劝他好好检查和治疗。但吕士才不把自己的病痛放在心上，下定决心要去前线。

1979年2月17日，对越自卫还击战打响。在前线隆隆的炮火中，在芭蕉、青竹簇拥着的手术帐篷里，吕士才忍受着自己不断发展的病痛，用随身携带的止血钳等医疗器械，不停地给伤员清创、止血、接骨和缝合。在学校课桌临时拼成的低矮手术台旁，身高1.80米、眼睛高度近视的吕士才只得低低地弯着腰给战士做手术，时间一长，腰便痛得像断裂似的。他请别人给他束上皮腰围，一分钟也不停止手上的工作。孰料，腰痛未消，剧烈的腹痛又一阵一阵地向他袭来。汗珠不断从吕士才的额上沁出，他是多么需要休息一会儿啊！可是，时间就是伤员的生命。他全神贯注地做着手术，直到实在坚持不住了，才举起戴着橡皮手套的双手，用双肘顶住腹部，在手术台前稍稍蹲上一两分钟。同志们劝他歇一会儿，他说："战士在流血，我不能离开。"护士设法找来了一张凳子，吕士才一只脚踏在凳子上，用来缓解腹部的剧痛，一面仍顽强地坚持进行手术。

由于过度劳累，饮食不济，加上环境艰苦，吕士才的病情加重，但他靠着服用大量黄连素、颠茄片等药物，以顽强的毅力克服病痛，坚持工作。一天，前方送来一位因肩部中弹，肱骨粉碎性骨折而造成动脉和神经严重损伤的伤员。按常规，为了保住伤员性命，必须马上进行高位截肢手术。出于高度的责任心，为了保住伤员的肢体，吕士才坚持为伤员做血管缝补手术。在手电筒照明下，吕士才聚精会神地用比头发还要细的缝线，一针又一针地修补着血管。经过两个多小时的紧张工作，伤员腋动脉上的3个洞都修补好了，止血钳松开的刹那，血液又开始在伤肢里流动。手术成功了，伤员得救了，肢体也保住了。可是，吕士才坐过的凳子上却留下一大摊血水……

由于过度劳累，身体虚弱，病情加剧，当手术队返回上海时，他的癌症已发展到晚期。就在住院后，他仍以顽强毅力与疾病作斗争，在病榻上抓紧绘制微型手术器械图纸，整理战地救护经验和资料，直到10月30日病逝。

1995年4月，吕士才妻子潘荣文女士将吕士才的数件遗物捐赠上海市龙华烈士陵园，手术用的止血钳和皮腰围是其中之物。

（徐　贞）

英雄壮歌

龙华烈士纪念馆
馆藏精品文物集萃

硬骨雄风不褪色

——王健的血书

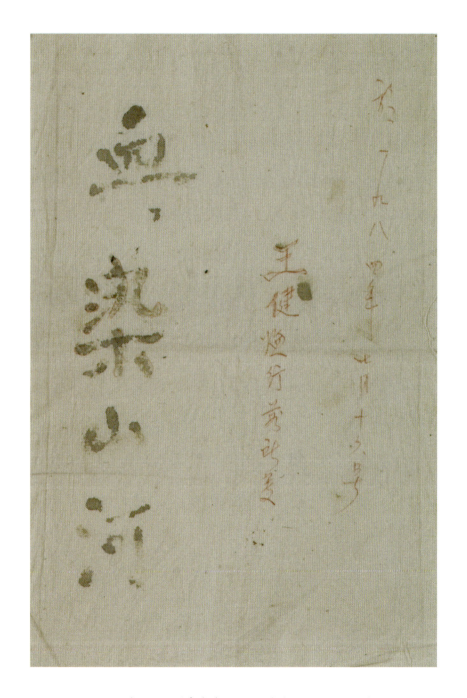

1984 年 7 月王健参战前写下的血书（26.5 cm × 17 cm）

这是对越自卫还击战中，王健赴老山参战之前写下的血书。血书写在白色棉布上，从左至右分别写着"血染山河 王健临行前所写 于1984年7月16号"字样。其中，"血染山河"四个大字用鲜血写成。由于年代已久，血迹已由殷红的血色变成暗褐色，其余小字用红色圆珠笔写成。

王健（1963—1985），江苏建湖人。1982年在上海入伍，先后受连营级4次嘉奖。1985年3月被批准为中共预备党员。同年在对越自卫还击战中，参加"十六勇士"突击队，在战斗中牺牲。牺牲后被所在部队追认为中共正式党员，并追记二等功。

王健所在的陆军一军一师一团六连是一个具有光荣历史和传统的连队。该连诞生于1939年，参加过长征，以敢打硬仗、敢打恶仗而名扬。正因为全连的战士有着刺刀见红、敢打敢拼的硬骨头作风，1963年被国防部和中央军委授予"硬骨头六连"荣誉称号。

1984年7月，王健所在的部队接到命令赴昆明参加对越自卫还击战。动员大会后，在强烈的爱国心和荣誉感的激励下，王健当即咬破手指，写下"血染山河"交给党支部，表达上前线的决心。此时的王健浑身憋着一股劲儿，下定决心和战友上战场，奋勇杀敌，保家卫国。

就这样，王健跟着这支英雄连队来到了前线。参战以后，王健英勇作战，1985年3月5日，他在火线上被光荣地批准为中共预备党员。

3月8日，王健所在的"硬骨头六连"奉命拔除越军所在的小尖山阵地。为了参加突击队，王健连夜向党支部送了请战书，又5次找连长、指导员，表达自己要当勇士、当突击队员的决心，他慷慨激昂道：

我的决心是怕死不当兵，当兵当英雄。只要我还有一口气，就保证电台畅通无阻。如果我在战斗中牺牲了，请将我的遗体埋到我战斗过的地方，让我和活着的战友一起守卫着祖国的南大门。

战斗打响前，他把身上仅有的 24 元钱交给指导员，并且深情地说：

这是我第一次，也可能是最后一次交党费。如果我牺牲了，只有一个愿望，请在我的墓碑上刻上"中国共产党党员"7 个字。

战斗打响后，王健和另外 15 名突击队员组成的"十六勇士"前仆后继，勇猛冲击。小尖山的越军工事十分坚固，火力点密集，身为通信兵王健目标大，在冲击途中被敌人炮弹炸断了双腿，血流如注。当卫生员上前抢救时，他大叫："别管我！"随后做了简单的自救，便忍着剧痛，他用双臂撑住身体，咬紧牙关，背着电台，盯着主峰，一点儿一点儿地向上爬，以惊人的毅力与敌人血战，毙敌 7 名。这时，敌人反扑了，王健边向队长报告，边端起冲锋枪勇猛扫射，把手榴弹投向敌群。不久，敌军见王健和他的战友都是伤员，弹药也快用完了，便嚎叫着冲了上来，企图活捉他们。为了祖国的尊严，王健和他的战友几乎同时拉响了手榴弹，与敌人同归于尽。

王健用自己的鲜血和生命，以他的英雄壮举，血洒老山，捐躯为国。牺牲时年仅 22 岁。战友在打扫战场的时候看到，在他的身后留着长达 5 米的血印……正是由于王健等热血战士的英勇冲锋，使得后续部队快速占领主峰，最终歼敌 200 余名，清除了入侵的越军及其据点。

王健生前非常热爱生活，曾在给朋友的信中写下这样一段话：

我爱那繁华的南京路和奔腾的黄浦江，那里是我的故乡。我也爱悠扬的圆舞曲，踏着青春的旋律起舞。但是，人不能只为自己而活着，人的幸福也决不是私利的满足。母亲的欢乐在孩子的成长，农夫的欢乐在粮食的丰收，战士的欢乐在国土和人民的安宁。我愿做这样的选择：血洒老山，捐躯为国！

当党和人民需要的时候，王健毅然抛却安逸的生活，化爱国之心为报国之举，在战场上英勇杀敌，用硬骨雄风肩负起保家卫国的重任。

王健的血书先由连队保存；王健牺牲后，转交部队政治部保存。1985 年王健生前所在部队政治部将此血书捐赠给原上海市烈士陵园，今由龙华烈士纪念馆保管。

（徐　贞）

图书在版编目（CIP）数据

英雄壮歌：龙华烈士纪念馆馆藏精品 文物集萃 / 龙
华烈士纪念馆编. — 上海:上海教育出版社, 2020.10
ISBN 978-7-5720-0380-6

Ⅰ.①英… Ⅱ.①龙… Ⅲ.①革命文物－介绍－上海
Ⅳ.①K871.6

中国版本图书馆CIP数据核字(2020)第179540号

责任编辑　戴燕玲
装帧设计　陆　弦

YINGXIONG ZHUANGGE LONGHUA LIESHI JINIANGUAN GUANCANG JINGPIN WENWU JICUI
英雄壮歌：龙华烈士纪念馆馆藏精品文物集萃
龙华烈士纪念馆　编

出版发行　上海教育出版社有限公司
官　　网　www.seph.com.cn
地　　址　上海市永福路123号
邮　　编　200031
印　　刷　上海盛通时代印刷有限公司
开　　本　965×640　1/8　印张 28　插页 4
字　　数　174 千字
版　　次　2020年10月第1版
印　　次　2020年10月第1次印刷
书　　号　ISBN 978-7-5720-0380-6/D·0003
定　　价　298.00 元

如发现质量问题，读者可向本社调换　电话：021-64377165

龙华烈士纪念馆官方微信公众号